Alexander Flores

Der Palästinakonflikt

Wissen was stimmt

W0076618

HERDER spektrum

Das Buch

Kaum ein Gebiet auf der Erde hat den Titel »Krisenregion« mehr verdient als Palästina. Über Jahrzehnte hinweg schwelt der Konflikt zwischen Israel und seinen arabischen Nachbarn. Nicht selten kommt es zum offenen Konflikt, wobei die Lager und Interessen wechseln und das Leid der Bevölkerung wächst. Wo liegen die Wurzeln dieser nicht enden wollenden Auseinandersetzung? Ist der Palästinakonflikt eine Folge des Holocaust oder das Ergebnis geopolitischer Machtspiele? Wie ist die Rolle Israels einzuschätzen, wie die von Hamas und PLO? Anhand gängiger Klischees benennt Alexander Flores, ein ausgewiesener Kenner der Region, die historischen Wurzeln des Palästinakonflikts, blickt hinter die Kulissen der unterschiedlichen Parteien und Interessen und analysiert kritisch die Rolle des Staates Israel. Ihm gelingt eine kurze und sehr prägnante Darstellung einer komplexen Auseinandersetzung, die noch lange nicht beendet ist.
»Alexander Flores ist einer der besten Kenner des Palästina-Israel-Konflikts. Leise und fundiert klärt er auf ohne Trommel und Trompete und nimmt stets Partei, für die Menschen auf beiden Seiten des Stacheldrahts. Das macht ihn groß. Die Lektüre seiner Schriften öffnet neue Perspektive und ist ein großer Gewinn.«   Rafik Schami

Der Autor

Alexander Flores, geboren 1948, studierte Soziologie, Germanistik, Arabistik und Islamwissenschaft an der Universität Münster. Forschung und Lehre an den Universitäten Essen, Birzeit (Palästina), Erlangen, Hamburg und Würzburg. Habilitation 1993 an der FU Berlin. Seit 1995 ist er Professor für Wirtschaftsarabistik an der Hochschule Bremen. Zahlreiche Veröffentlichungen.

Alexander Flores

Der Palästinakonflikt

Wissen was stimmt

FREIBURG · BASEL · WIEN

Originalausgabe

© Verlag Herder GmbH, Freiburg im Breisgau 2009
Alle Rechte vorbehalten
www.herder.de

Umschlagkonzeption und -gestaltung:
R·M·E Eschlbeck / Botzenhardt / Kreuzer
Umschlagmotiv: © gettyimages
Foto des Autors: © privat

Herstellung: fgb · freiburger graphische betriebe
www.fgb.de

Gedruckt auf umweltfreundlichem, chlorfrei gebleichtem Papier
Printed in Germany

ISBN 978-3-451-06082-3

Inhalt

1. Einleitung   **9**

2. Der Zionismus   **15**

»Der Zionismus liegt im Judentum begründet«
Die Entstehung des Zionismus   15

»Der Zionismus war eine Verschwörung«
Die zionistische Bewegung und die geopolitische
Interessenlage   22

3. Palästina vor 1948   **27**

»Palästina hat es eigentlich nie gegeben«
Die Zeit bis zum britischen Mandat   27

**»Die jüdische Einwanderung war international
legitimiert«**
Das britische Mandat   33

»Die Palästinenser waren nur aufgehetzt«
Hintergründe der Ablehnung des Zionismus   38

**»Der Holocaust führte zur Gründung des Staates
Israel«**
Die »große Rebellion« und der Abschied vom Mandat   45

»Die Araber sympathisierten mit den Nazis«
Palästinenser, Zionisten und Nazideutschland   47

4. Die Gründung des Staates Israel und die Folgen   **51**
**»Die Palästinenser verließen auf Anweisung
arabischer Führer ihr Land«**
Krieg und Vertreibung 1947 bis 1949   51

»Israel hatte keinen echten Verhandlungspartner«
Israel und die Araber   57

»Die arabische Bevölkerung Israels ist gleichberechtigt«
Die Lage der Palästinenser nach 1948   61

5. Die Besatzung   **67**
»Israel war in seiner Existenz bedroht«
Der Junikrieg 1967   67

»Die PLO wollte Israel vernichten«
Palästinensischer Widerstand und die Wandlung
der PLO   71

»Israel war zu Kompromissen bereit«
Oktoberkrieg, Siedlungspolitik und Libanonkrieg   75

6. Der Oslo-Prozess   **83**
»Die Palästinenser waren doch nur Terroristen«
Die erste Intifada   83

»Die israelische Armee war zum Rückzug bereit«
Der Oslo-Prozess und sein Scheitern   86

»Hamas ist eine Kreatur Israels«
Entwicklung einer islamistischen Bewegung   93

»Der Frieden lag zum Greifen nah«
Der Gipfel von Camp David   98

**»Die Selbstmordattentate fanden unter den
Palästinensern großen Beifall«**
Die Al-Aqsa-Intifada   103

7. Bilanz und Ausblick   **117**

»Die Araber tragen die Verantwortung«
Substanz und Dynamik des Konflikts   117

»Rückzug bedeutet Bürgerkrieg«
Perspektiven   120

Anhang

Chronologie   123
Literatur   126
Karte   128

Einleitung

Zum Jahreswechsel 2008/09 war es wieder einmal so weit. Die israelische Armee schlug zu – diesmal im Gazastreifen. Die Begründung, welche diesen Schlag als Verteidigungskrieg und als notwendigen Schutz vor den Raketenangriffen aus dem Gazastreifen hinstellte, wurde zunächst weithin akzeptiert. Nicht nur die deutsche Bundeskanzlerin gab Hamas die Alleinschuld an diesem Krieg. Dann wurde bekannt, wie gut der Waffenstillstand funktioniert hatte, der dem Krieg vorausgegangen war, und es wurde auch klar, dass keineswegs Hamas für seinen Bruch verantwortlich war.

Krieg im Gaza-streifen

Unter anderem wollte die israelische Führung mit diesem Angriff die Scharte aus dem Krieg im Libanon 2006 auswetzen, bei dem die schlecht vorbereitete israelische Armee ihre Ziele völlig verfehlt hatte. Rein militärisch ist das wohl gelungen. Die sorgfältig vorbereitete Armee konnte die eigenen Verluste gering halten. Ansonsten erinnerte allzu viel nicht nur an den Krieg im Libanon, sondern an eine ganze Reihe von Kriegen bzw. Militäraktionen der letzten Jahrzehnte, bei denen Israel bestimmte politische Ziele durchsetzen und seine Abschreckung bestätigen oder wiederherstellen wollte: ungeheure Feuerkraft der israelischen Luftwaffe, Marine und Armee, kaum eingesetzt gegen wirklich militärische Ziele, sondern vielmehr gegen alle möglichen öffentlichen Gebäude, von denen dann behauptet wurde, sie dienten militärischen Zwecken – meist wahrheitswidrig. Von einer ebenfalls beanspruchten Bemühung, Zivilisten zu schonen, konnte keine Rede sein. Zivilisten waren denn auch mehrheitlich die Opfer dieses Kriegs. Das wurde schnell deutlich. Dennoch dauerte es viel zu lang, bis die Welt Israel stoppte – selbst nach einigen besonders blutigen Massakern.

Bilanz des Kriegs Das Ergebnis: Der Waffenstillstand wird erneuert. Viele Waffen und ein Teil der Struktur von Hamas sind zerstört. Ein großer Teil der von der EU finanzierten öffentlichen Infrastruktur im Gazastreifen, aber auch viele Wohnhäuser sind vernichtet, mehr als vierzehnhundert Menschen getötet, ungeheurer Hass akkumuliert. Und das alles für nichts und wieder nichts. Den Waffenstillstand hätte es zu ganz ähnlichen Bedingungen ohne diesen Krieg geben können, denn Hamas hatte ihn am 14. Dezember 2008 angeboten. Israel hat allenfalls etwas Zeit gewonnen, die für den Wiederaufbau in Gaza gebraucht wird. Dann wird es vor einer ähnlichen oder schlimmeren Situation stehen.

Viele Beobachter waren fassungslos. Im Mai 2008 hatte man den 60. Geburtstag Israels gefeiert und dabei auch seiner Errungenschaften und seines Aufbaus gedacht, der in vieler Hinsicht ja wirklich eine Erfolgsstory ist: eine moderne, wirtschaftlich höchst erfolgreiche, kulturell ungeheuer lebendige Nation, demokratisch verfasst, wenn auch in gewissen, noch zu erläuternden Grenzen, mit einem Lebensstandard, Lebensweisen und einer gesellschaftlichen Atmosphäre, wie sie auch in Westeuropa üblich sind. Und dieser Staat überzieht eine der wehrlosesten Gesellschaften der Welt, die er vorher in jahrelanger Blockade ausgehungert hat, mit einer brutalen Militäraktion. Der Anlass: Beschuss mit primitiven Raketen, der während eines vorherigen Waffenstillstands fast völlig zum Erliegen gekommen war und vom Juni 2008 bis zum Einsetzen der israelischen Aktion am 27. Dezember 2008 nicht ein israelisches Todesopfer gefordert hatte. Wie lässt sich diese Barbarei durch einen doch so zivilisierten Staat verstehen? Wie die Unverhältnismäßigkeit der Reaktion? Wie war es überhaupt zu dem Raketenbeschuss gekommen?

Dieser Krieg lässt sich, wie viele Ereignisse im heutigen Israel/Palästina, nur dann richtig verstehen, wenn man den Gesamtzusammenhang ins Auge fasst, und das ist oft die ganze Geschichte des Palästinakonflikts seit seinem Einsetzen in den Achtzigerjahren des 19. Jahrhunderts. Das vorliegende Buch versucht, einen – notwendig knappen und kursorischen – Überblick über diesen Konflikt zu geben. Es konzentriert sich auf die »großen Linien«; die Detaildarstellung tritt demgegenüber in den Hintergrund. Weiter steht hier der »Kernkonflikt« im Vordergrund, also der Konflikt zwischen den arabischen Palästinensern und der zionistischen Bewegung bzw. nach 1948 dem Staat Israel. Die Ausweitung des Konflikts auf die umliegenden arabischen Staaten und seine Einbettung in die Weltpolitik werden nur behandelt, wo es für das Verständnis unbedingt erforderlich ist.

Kontext des Kriegs

Dieses Buch zeichnet kein schmeichelhaftes Bild der zionistischen Bewegung und Israels. Bei angemessener Würdigung der tatsächlichen Entwicklung ist das auch nicht möglich. Die hierzulande übliche Wahrnehmung Israels ist zum Positiven verzerrt, und zwar aufgrund mangelnder Kenntnis der Geschichte, gepaart mit großer Zurückhaltung, Israel scharf und grundsätzlich zu kritisieren. Angesichts der von Deutschen begangenen Verbrechen an den Juden und der Annahme, Israel sei eben der Staat der Juden, ist das verständlich. Die Konsequenz ist allerdings fatal. Es entsteht eine falsche Wahrnehmung, und falsche Wahrnehmungen können nur unheilvolle Positionen nach sich ziehen.

Historisches Unrecht Den Palästinensern wurde mit der Gründung des Staates Israel und ihren Begleitumständen ein historisches Unrecht angetan, und die israelische Politik seither setzt dieses Unrecht fort. Scharfen Kritikern Israels wird oft der Wunsch unterstellt, es verschwinden zu sehen. Nichts dergleichen ist hier intendiert. Israel existiert; auf seinem Boden ist eine neue jüdisch-hebräische Nation entstanden, die nur diese Heimat und diesen Staat hat. Jeder Versuch, Israel zu beseitigen, wäre ein neues schweres Unrecht. Freilich sollte alles getan werden, Israel von seiner bisherigen Politik abzubringen, die es immer wieder in die Konfrontation mit den Palästinensern und anderen Arabern getrieben hat.

Wenn in diesem Buch von Palästina die Rede ist, ist das Land in den Grenzen des Mandats gemeint. Israel meint den Staat Israel, territorial seine Ausdehnung vor dem Junikrieg 1967. Der Terminus »besetzte Gebiete« meint die Westbank einschließlich Ostjerusalems und den Gazastreifen. »Palästinenser« meint, wo nicht ausdrücklich anders gesagt, die arabischen Palästinenser (bis 1948 besaßen ja auch die ansässigen Juden die palästinensische Staatsbürgerschaft).

Der Zionismus

»Der Zionismus liegt im Judentum begründet«

Die Entstehung des Zionismus

Der Palästinakonflikt bestand und besteht immer noch im Wesentlichen darin, dass die zionistische Bewegung massive jüdische Einwanderung nach Palästina betrieb, dort einen jüdischen Staat gründete, der weiter expandierte und bis heute aktive Siedlungspolitik betreibt, und dass sich die ursprünglichen Bewohner des Landes, die arabischen Palästinenser, diesem Projekt widersetzten. Der Konflikt setzte ein, als um 1880 zionistisch inspirierte Juden nach Palästina einzuwandern begannen und dort landwirtschaftliche Kolonien gründeten. Je zahlreicher sie wurden, umso stärker stießen sie mit der einheimischen arabischen Bevölkerung zusammen, weil sie mit ihr um dieselben Ressourcen, vor allem um Land, konkurrierten.

In geringer Zahl hatte es praktisch immer Juden in Palästina gegeben, im 19. Jahrhundert war ihre Zahl durch Einwanderung gewachsen. Solange

Juden in Palästina

das allerdings keine zionistisch motivierte, sondern eine aus religiösen Gründen unternommene

Theodor Herzl

Einwanderung war, schuf sie keine großen
Probleme. Die Einwanderer ließen sich in
Städten nieder und lebten im Wesentlichen
von der Wohltätigkeit europäischer Juden.
Ein Problem schuf erst die zionistisch inspi-
rierte Einwanderung. Sie richtete sich teil-
weise auf ländliche Gebiete, und sie erfolgte
nicht mit einer ausschließlich individuellen
Perspektive, sondern mit dem Ziel der Er-
richtung eines jüdischen Gemeinwesens in
Palästina. Dieses Ziel wurde von den frühen
Einwanderern noch nicht klar formuliert; dies
tat erst der Gründer des politischen Zionismus,
Theodor Herzl (1860–1904).

**Eine neue
Erscheinung**

Der Zionismus war eine neue Erscheinung. In der
Form, in der er sich durchsetzte, als politischer
Zionismus, entstand er erst gegen Ende des
19. Jahrhunderts. Er schloss in gewisser Hinsicht
an die ältere, religiös formulierte Zionssehnsucht
vieler Juden (»Nächstes Jahr in Jerusalem«) an,
unterscheidet sich aber doch grundlegend von
ihr, denn sie war nie mit einem politischen Projekt verbunden. Der Zionismus war eine Reaktion
auf die Not der europäischen Juden im späten
19. Jahrhundert. Zu jener Zeit waren Juden vor allem in Westeuropa zwar schon emanzipiert und
oft auch assimiliert, oft aber noch sozial diskriminiert und verachtet. Im europäischen Osten war
die Emanzipation noch wenig fortgeschritten;
und um 1880 setzte in Russland eine neue Welle
der Judenverfolgung ein und verschlimmerte die

Lage der Juden enorm. Etwa gleichzeitig entstand eine neue Form der Judenfeindschaft, die nicht mehr vornehmlich religiös formuliert war, sondern die negative Charakterisierung der Juden an vermeintlich biologischen Merkmalen (»Rasse«) festmachte. Für diese neue Judenfeindschaft bürgerte sich die Bezeichnung »Antisemitismus« ein.

Die Juden in Ostmittel- und Osteuropa reagierten unterschiedlich auf ihre zunehmend prekäre Situation. Viele engagierten sich in revolutionären oder reformerischen Bewegungen, um die Lage dort zu verbessern, wo sie sich befanden; viele wanderten aus, ohne damit ein kollektives Projekt zu verbinden. Wieder andere verschrieben sich angesichts der Misere der Juden, die sie als nationales Problem verstanden, einem jüdischen Nationalismus, den man bald Zionismus nannte. Es gab mehrere Varianten des Zionismus. Diejenige, die sich schnell als die bedeutendste herausstellte und in der Folge dominant blieb, der politische Zionismus, wollte die missliche Lage der Juden durch Gründung eines Judenstaats und Einwanderung möglichst vieler Juden in ihn beheben. Einige Gründerväter der Bewegung waren im Hinblick auf den Ort dieses Staats indifferent, es zeigte sich aber bald, dass es wegen der Anziehungskraft Palästinas auf die vielfach frommen Juden Osteuropas keine realistische Alternative zu diesem Land gab.

Verschiedene Reaktionen

In seinen Anfängen war der Zionismus die Position einer kleinen Minderheit unter den Juden. In Mittel- und Westeuropa erschien nach wie vor die

Entwicklung des Zionismus

Hoffnung auf den Fortgang der Emanzipation und die Assimilation als attraktiver; viele osteuropäische Juden engagierten sich in revolutionären Parteien. Auswanderung erfolgte weit überwiegend nach Westeuropa und Amerika. Orthodoxe Rabbiner empfanden das zionistische Programm als blasphemisch und wandten sich vehement dagegen. Erst mit der Verschlimmerung der Lage der Juden im 20. Jahrhundert, dem Verschwimmen revolutionärer Perspektiven und der Schließung der Tore der Einwanderung in vielen Ländern erhielt der Zionismus größere Plausibilität und entsprechenden Zulauf. In der einen oder anderen Form bekannten sich die meisten Juden zu ihm und zu Israel, als die Ungeheuerlichkeit des Holocaust in all ihren Ausmaßen bekannt wurde.

Ein europäisches Phänomen Grundidee des politischen Zionismus war die Vorstellung, man könne die Not der Juden durch Konzentration möglichst aller Juden der Welt in einem Territorium und die Gründung eines jüdischen Nationalstaats auf diesem Territorium beheben. Die Herausbildung dieser Idee ist nur in der politischen und geistigen Atmosphäre im seinerzeitigen Europa zu verstehen, die mit einem zugespitzten Nationalismus aufgeladen war, der für jede nationale Gruppe einen eigenen Staat vorsah. Dieser Nationalismus war am Ende des 19. Jahrhunderts in aller Regel reaktionär und fremdenfeindlich; oft ging er mit rabiatem Antisemitismus einher. Der Zionismus war eine Defensivreaktion auf diesen Antisemitismus und die mit ihm einhergehenden judenfeindlichen Bestrebungen.

Gleichzeitig war er selbst zutiefst vom vorherrschenden Nationalismus geprägt und teilte mit ihm – und sogar mit seinen antisemitischen Aspekten! – wichtige Züge: die Betonung des Nationalen und der ethnischen Homogenität als Wert, die Überzeugung, Juden und Nichtjuden könnten nicht auf Dauer zusammenleben, und die daraus folgende Absicht, Juden aus den Gesellschaften, in denen sie sich befanden, zu entfernen. Dieser ideologischen Übereinstimmung entsprach eine partielle Interessenidentität zwischen Antisemiten und Zionisten. Herzl und viele andere Zionisten wussten das und handelten entsprechend.

Zionismus und Antisemitismus

Der Zionismus entstand als Defensivbewegung gegen die sehr reale Unterdrückung von Juden; sein Programm sah die Auswanderung mit der Perspektive einer Staatsgründung vor. Realisieren ließ sich dieses Programm aber nur, wenn man sich mit den seinerzeit dominanten Mächten verband: Die Zionisten hatten keine politische Macht, und leere Territorien standen als Zielort des Projekts nicht zur Verfügung. Auch das sah Herzl klar, sprach es aus und agierte entsprechend. Er versuchte, die osmanische und alle wichtigen europäischen Regierungen zur Unterstützung des Projekts zu bewegen. Die Osmanen gaben ihm eine klare Absage; bei den Europäern stieß er zwar vielfach auf Sympathie, fand aber keine Unterstützung, denn angesichts des Konsenses der europäischen Mächte, das Osmanische Reich territorial nicht anzutasten, waren seine Pläne unrealistisch. Erst der Ausgang des Ersten Weltkriegs mit der Niederlage der Osmanen änderte das.

Zionismus und Großmachtpolitik

Die osmanische Regierung war gegen die zionistische Ansiedlung gewesen. Nur die Ineffizienz
und Korruptheit der Behörden sowie die Protektion europäischer Mächte gestatteten in gewissem Ausmaß das Einsickern von Juden nach Palästina. Die britische Mandatsmacht, die Palästina
nach dem Krieg kontrollierte, hatte sich mit der
Balfour-Deklaration den zionistischen Zielen verpflichtet, sie förderte das Projekt massiv. Ohne
diese Förderung wäre der Erfolg des zionistischen
Unternehmens unmöglich gewesen. Seine Durchsetzung in Palästina verdankt also der Zionismus
ausschließlich der Tatsache, dass das Land zur
entscheidenden Zeit unter britischer Mandatsherrschaft stand. Ein souveräner arabischer Staat
hätte dieses Unternehmen zweifellos verhindert,
denn es lief ja nicht nur auf einen »Staat im
Staate« hinaus, sondern auf die Umwandlung
ganz Palästinas in einen jüdischen Staat.

In doppelter Hinsicht war also der Zionismus eine
europäische Erscheinung: durch seine Entstehung
vor dem Hintergrund der Lage der europäischen
Juden in der nationalistisch aufgeladenen Atmosphäre Europas, und weil seine Verwirklichung
in Palästina nur dadurch möglich war, dass die
europäischen Kolonialmächte nach dem Ersten
Weltkrieg den Nahen Osten beherrschten, über
die ehemals osmanischen Territorien nach ihren
Machtinteressen verfügten und in diesem Rahmen das zionistische Projekt begünstigten. Dieses
Projekt – und damit der Konflikt, den es auslöste
– hatte keine Wurzeln in der Region, sondern
wurde ihr von Europa aufgezwungen.

Das zionistische Projekt war also eine europäische Siedlungskolonie, allerdings eine von besonderem Charakter. Sie kam historisch gesehen spät. Andere europäische Siedlungskolonien (Australien, USA) hatten die Einheimischen fast völlig ausgerottet und ihre Kultur so weitgehend zerstört, dass sie zu nennenswertem Widerstand nicht mehr in der Lage waren. In Palästina trafen die Zionisten auf eine Bevölkerung, die dabei war, ein nationales Bewusstsein heranzubilden, die sich daher nicht so leicht ausschalten ließ und die überdies in den anderen arabischen Ländern über eine Art von natürlichem »Hinterland« verfügte. Eine weitere Besonderheit war, dass hier die ansässige Bevölkerung nicht als billige Arbeitskraft ausgebeutet, sondern nach Möglichkeit verdrängt werden sollte, denn man war vornehmlich am Land selbst interessiert. Und schließlich hatte die zionistische Siedlungskolonie kein »natürliches« Mutterland, das sich selbstverständlich für sie einsetzen würde und in das die Siedler im Fall des Scheiterns hätten »zurückkehren« können. Vielmehr mussten die Zionisten um die Unterstützung der in der Region einflussreichen Mächte werben und stets dafür sorgen, dass sie erhalten blieb. Das gab und gibt ihrem Verhältnis zu Europa bzw. zum Westen einen besonderen Charakter.

»Der Zionismus war eine Verschwörung«

Die zionistische Bewegung und
die geopolitische Interessenlage

»Bollwerk
Europas«

Der Zionismus wurde nicht von den Kolonialmächten erfunden und dann im Sinne ihrer Herrschaftsinteressen instrumentalisiert, sondern er entstand unabhängig von ihnen und betrieb sein Projekt stets im eigenen Interesse. Er war aber zutiefst geprägt von seiner europäischen Herkunft, war sich bewusst, dass sein Erfolg nur im Rahmen europäischer (später: westlicher) Dominanz über die Region möglich war, handelte entsprechend und stellte sein Projekt immer als ein Bollwerk Europas bzw. des Westens in einer ungenügend zivilisierten und potentiell feindseligen Region dar – zuletzt noch durch seine propagandistische Integration in den »Krieg gegen den Terror« nach dem 11. September.

> »Für Europa würden wir dort (in Palästina, A. F.) ein Stück des Walles gegen Asien bilden, wir würden den Vorpostendienst der Kultur gegen die Barbarei besorgen.« (Theodor Herzl, Der Judenstaat)

Das alles waren keine diabolischen Machenschaften, es ist erklär- und nachvollziehbar, wenn man sich die Entstehungsbedingungen des Zionismus und die Verschlimmerung der Lage der Juden im 20. Jahrhundert vor Augen hält. Allerdings führte es zu einer ausgesprochen rücksichtslosen Verfolgung der eigenen Interessen, die, soweit es möglich war, die arabischen Bewohner des Landes außer Acht ließ und sie, wenn sie sich störend bemerkbar machten, mit allen Mitteln bekämpfte – bis hin zu ihrer Entfernung aus dem Land, die ebenfalls schon sehr früh, nämlich bei Herzl, konzipiert wurde.

> »Die arme Bevölkerung trachten wir unbemerkt über die Grenze zu schaffen, indem wir ihr in den Durchzugsländern Arbeit verschaffen, aber in unserem eigenen Lande jederlei Arbeit verweigern. (…) Das Expropriationswerk muss ebenso wie die Fortschaffung der Armen mit Zartheit und Behutsamkeit erfolgen.«
> (Theodor Herzl, Tagebücher)

Zionismus und Palästinenser

Denn eine unvermeidliche Konsequenz des zionistischen Programms war die Opposition der Bevölkerung des Landes, das als Ort für den jüdischen Staat vorgesehen war: Palästina. Jüdische Ansiedlung in bescheidenem Rahmen und ohne weitere politische Ansprüche wäre wohl ohne größere Opposition möglich gewesen, wie der Fall der armenischen Deportierten und Flüchtlinge nahelegt, die sich in einigen ostarabischen Ländern niederließen, ohne auf gravierende Probleme zu stoßen. Das zionistische Programm sah aber sehr massive Ansiedlung vor – ein erheblicher Teil der Juden aus aller Welt sollte nach Palästina kommen –, und es strebte nach der politischen Macht, nach einem Judenstaat eben. Das musste aber auf den Widerstand der einheimischen Bevölkerung stoßen, denn die Realisierung dieses Programms war nur auf ihre Kosten möglich. Sie erforderte ihre Unterdrückung, Enteignung und ggf. Verdrängung.

Land ohne Volk? In der öffentlichen Darstellung versuchte die zionistische Führung diesen Sachverhalt zu verhehlen oder seine Bedeutung zu minimieren. Gelegentlich wurde die Parole »Ein Land ohne Volk für ein Volk ohne Land!« ausgegeben; man behauptete, das Land sei im Verhältnis zu seinen natürlichen Möglichkeiten sehr dünn besiedelt, vernachlässigt und öde. Die Bindung der arabischen Bewohner an das Land wurde weitgehend geleugnet, weiter hieß es, die Araber würden von der zionistischen Besiedlung und der damit einhergehenden Entwicklung profitieren und dann ihre Opposition aufgeben. Klarsichtigen zionistischen Führern war allerdings früh der diametrale und unvermeidliche Interessengegensatz zwischen ihrem Projekt und den palästinensischen Arabern bewusst. Sie nahmen sich vor, ihre Ziele ohne Rücksicht auf die Palästinenser durchzusetzen, und taten das dann auch.

Der »eiserne Schutzwall« Keiner hat das wohl klarer formuliert als Vladimir Jabotinsky, der Führer der revisionistischen (rechten) Zionisten, in seinem berühmten Artikel »Der eiserne Schutzwall« von 1923. Hier einige Auszüge:

»Ein Kompromiss zwischen den palästinensischen Arabern und uns ist im Moment und in absehbarer Zeit ausgeschlossen. (...) Jedes Volk wird gegen Kolonisatoren kämpfen, solange es auch nur einen Funken Hoffnung hat, dass es die Gefahr der Kolonisierung loswerden kann. Genau das tun auch die palästinensischen Araber, und sie werden es weiter tun, solange es auch nur einen Funken Hoffnung gibt. (...) Wir können den Palästinensern oder anderen Arabern nichts im Austausch für Palästina anbieten. Daher ist ihre freiwillige Zustimmung (zum zionistischen Kolonisierungsprojekt, A. F.) ausgeschlossen. (...) Unsere Kolonisierung muss entweder beendet oder gegen den Willen der einheimischen Bevölkerung fortgesetzt werden. Diese Kolonisierung kann daher nur weitergehen und sich entwickeln unter dem Schutz einer Kraft, die von der lokalen Bevölkerung unabhängig ist – eines eisernen Schutzwalls, den die einheimische Bevölkerung nicht durchbrechen kann.«

Solange die zionistische Bewegung nicht selber über genügend schlagkräftige militärische Einheiten verfügte bzw. diese ungehindert einsetzen konnte, dienten die Bajonette der britischen Mandatsmacht als dieser »eiserne Schutzwall«, seit der Gründung des Staats ist es die israelische Armee. Also: die ganz klare Feststellung, dass, wenn man am Ziel des politischen Zionismus festhielt, Zionisten und Palästinenser diametral entgegengesetzte Interessen hatten. Und wenn auch die zionistische Führung lange Zeit aus erbitterten Gegnern Jabotinskys bestand – in diesem Punkt war sie mit ihm einverstanden und, noch wichtiger, sie verhielt sich praktisch entsprechend.

Palästina vor 1948

»Palästina hat es eigentlich nie gegeben«

Die Zeit bis zum britischen Mandat

Palästina war von 1516 bis 1918 integraler Be- Bis 1918
standteil des Osmanischen Reichs. Eine osmanische Verwaltungseinheit »Palästina« gab es nie.
Dennoch hatte das Territorium, das dem späteren
britischen Mandatsgebiet entsprach, im 19. Jahrhundert in den Augen der Europäer, aber dann
auch seiner Bewohner als zusammenhängendes
Gebilde Gestalt angenommen und wurde auch
damals schon Palästina genannt. Als die zionistisch inspirierte jüdische Besiedlung des Landes
begann, also um 1880, hatte Palästina ca. 460 000
Einwohner; von ihnen waren etwa fünf Prozent
Juden, fast alle anderen Araber, meist sunnitische
Muslime, etwa zehn Prozent Christen und einige
Drusen.

Palästina war also ein arabisches Land. Die Paläs- »Blühende
tinenser lebten seinerzeit überwiegend von der Wüsten«
Landwirtschaft. Den Kern des permanent kulti-
vierten Landes bildet der Hügelrücken, der sich
in Nord-Süd-Richtung durch das Land zieht; die

Ebenen waren erst seit der Mitte des 19. Jahrhunderts befriedet und kultiviert worden. Dort überwog großer Grundbesitz, und dort konnten jüdische Siedler auch größere Strecken Landes kaufen und so den Grund für ihre territoriale Kontrolle legen. Angesichts des oft erhobenen Anspruchs, die zionistischen Siedler hätten in Palästina die Wüste zum Blühen gebracht, ist festzuhalten, dass bis zur Gründung des Staats Israel (und meist auch danach) Besiedlung und Bebauung ausschließlich auf solchen Ländereien erfolgten, die vorher schon von Arabern kultiviert worden waren und die man ihnen dann abgekauft hatte, was praktisch immer mit der Entfernung arabischer Pächter vom Boden einherging.

Erster Widerstand Obwohl die zionistische Siedlungstätigkeit vor dem Ersten Weltkrieg noch kein enormes Ausmaß annahm und die politischen Pläne der Zionisten wegen der Weigerung der osmanischen Regierung aussichtslos schienen, gab es schon seinerzeit palästinensischen Widerstand gegen den Zionismus. Bauern und Beduinen, deren Lebensgrundlagen durch die neuen Siedlungen gefährdet wurden, griffen sie sporadisch an. Palästinensische Intellektuelle nahmen die zionistischen Pläne zur Kenntnis und warnten öffentlich vor den Gefahren, die bei deren Realisierung drohten. Auch im osmanischen Parlament wurde gegen den Zionismus agitiert. Allerdings waren alle diese Aktivitäten nicht sehr massiv, weil seinerzeit auch die Siedlungstätigkeit noch recht begrenzt war.

Mit der Niederlage der Osmanen im Krieg und der Besetzung Palästinas und der umliegenden Länder durch die britische Armee erhielt das zionistische Projekt viel bessere Rahmenbedingungen. Während des Kriegs hatte Großbritannien nicht nur den Arabern die Unabhängigkeit versprochen, um sie zur Erhebung gegen die Osmanen zu ermutigen (sog. Husain-McMahon-Abkommen, in Wahrheit ein Briefwechsel), und mit Frankreich eine Aufteilung der Interessensphären im Nahen Osten vereinbart, sondern auch in der Balfour-Deklaration (2.11.1917) den Zionisten Unterstützung für ihr Projekt zugesagt, allerdings in bewusst allgemeiner Formulierung und mit einer Klausel für den Schutz der arabischen Bevölkerung:

Beginn des britischen Mandats (1918–1948)

Balfour-Deklaration

> **»Seiner Majestät Regierung betrachtet die Schaffung einer nationalen Heimstätte in Palästina für das jüdische Volk mit Wohlwollen und wird die größten Anstrengungen machen, um die Erreichung dieses Ziels zu erleichtern, wobei klar verstanden werde, dass nichts getan werden soll, was die bürgerlichen und religiösen Rechte bestehender nichtjüdischer Gemeinschaften in Palästina oder die Rechte und die politische Stellung der Juden in irgendeinem anderen Lande beeinträchtigen könnte.«**
> **(Balfour-Deklaration)**

Das britische Motiv für die Abgabe der Erklärung war, wenn man einmal von den in der Kriegssituation erwarteten Vorteilen einer »judenfreundlichen« Erklärung absieht, die Absicht, Palästina als wichtigen Stützpunkt seiner Kontrolle an der Flanke des Suezkanals auf Dauer zu sichern und mit Hilfe der zionistischen Karte alle konkurrierenden Ansprüche auf das Land, vor allem die französischen, auszustechen. Die beteiligten britischen Politiker äußerten aber auch unter anderen Aspekten Sympathien für die zionistische Idee, so etwa Arthur Balfour selbst, der auch freimütig bekannte, dass die Araber dabei betrogen wurden.

> »Die vier Großmächte haben sich dem Zionismus verpflichtet, und Zionismus – sei er nun recht oder unrecht, gut oder schlecht – wurzelt in jahrhundertelanger Tradition, in gegenwärtigen Nöten, in Zukunftshoffnungen von weit tieferer Bedeutung als die Wünsche und Vorurteile der 700 000 Araber, die jetzt das uralte Land bewohnen. Meiner Meinung nach ist das richtig. Ich habe aber nie verstehen können, wie es in Einklang gebracht werden kann mit dem Covenant (einer britisch-französischen Erklärung zur Beruhigung der Araber, A. F.). (...) In der Tat haben die Mächte hinsichtlich Palästinas keine einzige Tatsachen-Festellung getroffen, die nicht falsch war, und keine politisch-programmatische Zusicherung gegeben, die sie nicht (...) von vornherein zu brechen beabsichtigten.«
> (Arthur Balfour)

Von 1918 bis Juni 1920 stand Palästina unter britischer Militärverwaltung, danach – im Vorgriff auf das Mandat – unter einer ebenfalls von der britischen Regierung eingesetzten Zivilverwaltung. Das Mandat wurde dann 1922 formuliert und trat 1923 formell in Kraft.

Gelegentlich wird zur Legitimierung des zionistischen Anspruchs auf Palästina das sogenannte Faisal-Weizmann-Abkommen angeführt, ein Dokument, das der arabische Führer (und Chef des kurzlebigen syrischen Staats, später König des Irak) Faisal mit dem Vorsitzenden der Zionistischen Organisation Chaim Weizmann Anfang 1919 in London unterzeichnete. Der Inhalt dieses Dokuments ist in der Tat eine sehr weitgehende Zustimmung zu den zionistischen Absichten. Zwei Umstände machen dieses Dokument jedoch wertlos: Faisal hatte keinerlei Mandat, für die Palästinenser zu sprechen, und er machte seine Zustimmung in einer schriftlichen Klausel von der Erfüllung der seinem Vater gegebenen Zusicherungen abhängig, die bekanntlich nie eintrat.

»Die jüdische Einwanderung war international legitimiert«

Das britische Mandat

Das Mandats-System Das Mandat war ein von den Siegermächten des Ersten Weltkriegs geschaffenes System zur Inbesitznahme von Territorien der Verliererstaaten, die dann als Kolonien verwaltet wurden, ohne doch offiziell so bezeichnet zu werden. Der Artikel 22 des Völkerbundvertrags, auf den sich das Mandatssystem gründete, sah vor, die betroffenen Länder sollten von europäischen »Mandatarmächten« zur Selbstregierung geführt werden. Für Syrien und Libanon sollte das Frankreich sein, für Irak und Palästina (einschließlich Transjordaniens) Großbritannien. In einigen Mandatsgebieten wurden in der Tat einheimische Verwaltungen installiert, die gewählten Vertretungskörperschaften verantwortlich waren, aber durchaus eingeschränkte Kompetenzen hatten. In Palästina wurden nicht einmal solche einheimischen Organe mit beschränkter Kompetenz eingerichtet, und zwar mit dem ausdrücklichen Argument, sie würden den Aufbau eines jüdischen Nationalheims behindern, solange Araber die große Mehrheit der Bevölkerung bildeten.

Palästinensische Ablehnung In einem britischen Untersuchungsbericht von 1937 heißt es dazu: »Eine nationale Selbstverwaltung konnte in Palästina nicht eingesetzt werden, solange sie dazu dienen würde, den

Endzweck der Balfour-Deklaration illusorisch zu machen. Eben darum war die Crux für arabische Augen deutlich genug. Es war die Balfour-Deklaration, ihre Einverleibung in den Mandats-Entwurf und nichts sonst, was anscheinend ihrem Ziel im Wege stand, ein ähnliches Maß von Unabhängigkeit zu erlangen, wie es andere arabische Gemeinschaften genossen. Und ihre Reaktion auf diese Crux war folgerichtig: Sie lehnten die Balfour-Deklaration ab. Sie erhoben Widerspruch gegen ihre Aufnahme in den Mandatsentwurf. (…) Und sie weigerten sich, an irgendeiner anderen Regierungsform mitzuarbeiten, als an einer nationalen Regierung, die nur dem palästinensischen Volk verantwortlich wäre.« (Peel-Bericht)

Die Balfour-Deklaration mit ihrer »zionistischen« Verpflichtung war ausdrücklich in die Präambel des Mandats für Palästina aufgenommen worden. Grundsätzlich handelte es sich dabei ja um eine doppelte Verpflichtung, die auch eine Klausel über den Schutz der Araber enthielt. Diese doppelte Verpflichtung war allerdings nicht symmetrisch formuliert und wurde auch nicht symmetrisch durchgeführt. Großbritannien begünstigte eindeutig die Zionisten – sie waren ja auch das Element, das erst einmal im Land eingepflanzt werden musste, und das ging nur bei massiver Begünstigung durch die Mandatsbehörden.

Transjordanien, dessen Gebiet zum Palästinamandat gehörte, wurde aus den »zionistischen« Bestimmungen des Mandats ausgenommen und zu einem Emirat unter britischer Protektion gemacht. Von israelischer Seite wird gelegentlich behauptet, die britischen Verpflichtungen gegenüber den Zionisten hätten ursprünglich das ganze Mandatsgebiet einschließlich Transjordaniens umfasst, die Ausnehmung des Letzteren aus den entsprechenden Bestimmungen sei also ein Wortbruch der Briten, ein Unrecht gegenüber den Zionisten und eine »erste Teilung« Palästinas gewesen. Diese Auffassung ist unhaltbar. Britische und internationale Zustimmung hatten die zionistischen Ansprüche auf Palästina zunächst nur für ein territorial nicht spezifiziertes Gebiet und dann, als die territorialen Grenzen festgelegt wurden, für Palästina westlich des Jordan erhalten. Das Arrangement für Transjordanien war nicht nach der Formulierung und Ratifizierung des Palästinamandats erfolgt, sondern gleichzeitig mit ihr.

Einwanderung und Landtransfer

Die Durchführung der britischen Mandatspolitik war vor allem in drei Bereichen strittig: jüdische Einwanderung, Übergang von Land aus arabischem in jüdischen Besitz, Beteiligung der Bevölkerung an der Regierung. Ihren Zielen entsprechend waren die Zionisten an der möglichst ungehinderten Einwanderung und an massivem Landkauf interessiert, während sie die Palästi-

nenser von jeder nennenswerten Regierungsbeteiligung ausgeschlossen sehen wollten, denn
eine solche Beteiligung hätte höchstwahrschein-
lich den Aufbau des jüdischen Nationalheims be-
oder verhindert. Die Araber wollten in all diesen
Punkten das genaue Gegenteil.

Im Einklang mit ihrer selbstauferlegten Ver- **Anwachsen der**
pflichtung erließ die Mandatsregierung Rege- **Einwanderung**
lungen, die jüdische Einwanderung und Land-
kauf erleichterten. Während der Zwanzigerjahre
war die jüdische Einwanderung nach Palästina
von eher bescheidenem Ausmaß. Die jährliche
Durchschnittszahl der jüdischen Einwanderer
betrug von 1923 bis 1932 einschließlich 9590;
ein Viertel der Einwanderer wanderte wieder
aus. Zwischen den Volkszählungen von 1922
und 1931 wuchs der Anteil der Juden an der Gesamtbevölkerung von 11 auf 16,9 Prozent an.
1933 beschleunigte sich die Einwanderung
enorm – wegen der Machtergreifung der Nationalsozialisten und des verschärften Antisemitismus in Polen. Von 1933 bis 1936 betrug die
durchschnittliche jährliche Einwandererzahl
41 060. Ende 1936 wurde der jüdische Anteil an
der Gesamtbevölkerung Palästinas auf 28,1 Prozent geschätzt, was ein Anwachsen um mehr als
11 Prozent in fünf Jahren bedeutete. Von 1937
bis zum Ende der Mandatszeit ging die jüdische
Einwanderung zurück, weil sie von der Regierung drastisch eingeschränkt wurde, und der
Anteil der jüdischen Bevölkerung änderte sich
nicht mehr drastisch.

Während der ganzen Mandatszeit vollzog sich ein Übergang von Land aus arabischem in jüdischen Besitz. Einige große Landkäufe schlugen sich in besonders hohen Zahlen für einzelne Jahre nieder (so etwa für das Jahr 1925), aber insgesamt ging der Transfer stetig voran. Es ist bekannt, dass vornehmlich abwesenden Großgrundbesitzern Land abgekauft wurde; erst als dieses Reservoir erschöpft war, wandte man sich zunehmend an mittlere und kleinere Bauern, die viel weniger zum Verkauf tendierten, weil sie auf den Boden existentiell angewiesen waren. Die Käufer waren im Allgemeinen große Organisationen wie der Jüdische Nationalfonds, dessen Statuten vorsahen, dass das so gekaufte Land zum »unveräußerlichen Eigentum des jüdischen Volks« wurde und nie mehr von Nichtjuden genutzt werden konnte. Die Unruhen im August 1929 waren ein Hinweis auf die Beunruhigung der Palästinenser, die weithin auf diesen Prozess des Landtransfers zurückgeführt wurde. Die Regierung versuchte den Prozess durch gesetzliche Einschränkung von Landkäufen zu bremsen, aber dieser Versuch wurde – wenigstens vorläufig – durch zionistische Lobbytätigkeit in London zu Fall gebracht. Erst nach der arabischen Rebellion von 1936 bis 1939 unternahm die Regierung wirksamere Maßnahmen, aber auch die konnten in gewissem Maß unterlaufen werden. Die offiziellen Zahlen zeigen, dass der Landtransfer bis zum Ende des Mandats weiterging, allerdings auf niedrigerem Niveau.

Das Bestehen auf prinzipiell unbeschränkter Einwanderung und ungehindertem Landerwerb war nicht eine von mehreren möglichen Optionen der zionistischen Bewegung, sondern ergab sich notwendig aus ihrem grundsätzlichen Ziel, aus den Erfahrungen der Juden in Europa -- aus denen ja der Zionismus erst erwachsen war! – und aus den in Palästina gegebenen sozialen und politischen Realitäten.

Der zionistische Ökonom Alfred Bonne formulierte das einmal so: »Das Ziel, selbst der Gemäßigten unter ihnen (den Zionisten, A. F.), war die Errichtung einer jüdischen Massensiedlung mit einer immanenten Tendenz zur Erweiterung. Hier in Palästina sollten die Juden eben einmal aus der jüdischen Situation der Minderheit, in der sie in allen anderen Staaten lebten, herauskommen.« Die Durchsetzung dieser Absichten war aber nur auf Kosten der einheimischen Bevölkerung möglich. Sie erforderte deren Unterdrückung oder Verdrängung. Selbst wo sie einstweilen noch nicht physisch verdrängt wurde, grenzte man sie aus allen Sektoren der jüdischen Wirtschaft und Gesellschaft nach Möglichkeit aus.

Ziele des Zionismus

»Die Palästinenser waren nur aufgehetzt«

Hintergründe der Ablehnung des Zionismus

Widerstand der Palästinenser

Die Palästinenser kannten die zionistischen Absichten, und unter den gegebenen Umständen konnten sie nicht anders als sie ablehnen. Jüdische Einwanderung in klar definierten Grenzen hätten sie allenfalls akzeptiert; eine solche, die nicht nur eine Begrenzung bewusst vermied, sondern offen auf die Umwandlung ganz Palästinas in eine jüdische Heimstätte abzielte, lehnten sie ab. Soweit sie sich überhaupt in der Lage sahen, politisch aktiv zu werden, versuchten sie den Erfolg des zionistischen Unternehmens zu verhindern – mit den verschiedensten Mitteln, darunter auch Gewalt. Das »jüdische Nationalheim«, dem sie freiwillig nicht zustimmten, musste ihnen von der Mandatsmacht aufgezwungen werden – im Grenzfall wiederum mit militärischer Gewalt.

Durch »gewissenlose Elemente verhetzt«?

Die Ablehnung des Zionismus war allen Schichten der palästinensischen Bevölkerung gemeinsam; es kann keine Rede davon sein, dass »Teile der arabischen Bevölkerung Palästinas« durch »gewissenlose Elemente verhetzt« worden waren, wie es eine Resolution des 12. Zionistenkongresses (Karlsbad 1921) formulierte – und wie es auch heute gelegentlich behauptet wird. Zwischen der zionistischen Bewegung und der arabischen Bevölkerung Palästinas bestand während der Mandatszeit ein scharfer Gegensatz, ohne dessen Berücksichtigung man die damaligen Ereignisse und Auseinandersetzungen kaum zutreffend beurteilen kann. Ein Beispiel ist der Kauf arabischen Landes durch jüdische Organisationen bei gleichzeitiger Entfernung der Pächter von diesem Land, die auf diese Weise ihren Lebensunterhalt verloren. Viele Palästinenser führten das als Indiz für die schädliche Auswirkung der zionistischen Besiedlung an. Zionistische Experten behaupteten, die Zahl der so vom Boden entfernten Pächter sei gering, und schlugen vor, die arabischen Bauern sollten durch intensivere Bewirtschaftung auf dem vorhandenen Boden »zusammenrücken«, um für jüdische Siedler Platz zu schaffen, wobei zionistische Finanzhilfe unterstützend wirken könne. Rein ökonomisch wäre das sicher möglich gewesen, aber selbst wenn ernst gemeint, rechneten solche Vorschläge nicht mit der politisch aufgeladenen Situation im Land.

Alfred Bonne gestand diese Situation freimütig ein:
»Die von jüdischer Seite gemachten Vorschläge, die die Lösung des Problems des jüdischen Bodenbedarfs mit der Entwicklung der Fellachenwirtschaft durch Intensivierung und Reduzierung der Fläche kombinieren wollen, sind nur in einer weitgehend entpolitisierten Atmosphäre gegenseitigen Vertrauens und nach Beseitigung des bestehenden Furchtkomplexes möglich.«

Palästinensische Araber waren vielfältig von der zionistischen Siedlungstätigkeit betroffen – meist negativ, manchmal aber auch positiv. Ihre Haltung zum Zionismus und ihr dementsprechendes politisches Verhalten wurden aber nicht in erster Linie davon bestimmt, sondern von der Befürchtung, das zionistische Projekt werde ihnen langfristig das ganze Land unter den Füßen wegziehen. Diese Befürchtung war weder durch beruhigende Versicherungen zu zerstreuen noch durch die Profite, die Palästinenser gelegentlich aus dem zionistischen Aufbau schlugen.

Verweigerte Unabhängigkeit Das erste Verfassungsdokument für Mandatspalästina vom August 1922 sah einen gewählten gesetzgebenden Rat vor. Die Palästinenser boykottierten die Wahl, weil der Rat keine Vollmachten im Hinblick auf das jüdische Nationalheim gehabt hätte und weil sie das Mandat nicht durch ihre Teilnahme an Wahlen legitimieren wollten. Der Boykott betraf aber nur die oberste Regierungsebene, ansonsten arbeiteten die Palästinenser mit den Mandatsbehörden zusammen. Der Boykott demonstrierte ihre Ablehnung des Mandats, setzte sie aber nicht praktisch um. In den späten Zwanzigerjahren überdachten die Palästinenser ihre Ablehnung des Rats, und um die Mitte der Dreißigerjahre begrüßten sie einen neuen britischen Plan, einen solchen Rat zu gründen. Im Februar und März 1936 wurde dieser Plan in der Debatte in beiden Kammern des britischen Parlaments praktisch zu Fall gebracht. Vor dem Hintergrund der syrischen Entwicklung, wo ein Generalstreik etwa zur gleichen Zeit ein größeres Maß an Unabhängigkeit erreicht hatte, war dies eine Enttäuschung, die sicherlich zum Ausbruch des Generalstreiks und der großen Rebellion beitrug, die im April 1936 begannen.

Die Entwicklung des Konflikts unter dem Mandat lässt sich in drei Perioden einteilen, die grob den drei Dekaden der Mandatsherrschaft entsprechen: Die Zwanzigerjahre waren eine Periode relativer Ruhe, weil sich auch der zionistische Aufbau seinerzeit in langsamem Tempo vollzog; die Dreißigerjahre sahen die Vorbereitung und den Ausbruch der großen Rebellion, in der die Palästinenser alle ihre Kräfte anspannten, um den zionistischen Aufbau zu stoppen, dann aber von den Briten hart unterdrückt wurden; und in den Vierzigerjahren waren die Palästinenser fast paralysiert und konnten nicht genügend Kräfte mobilisieren, um ihre Position im Land erfolgreich zu verteidigen.

Drei Phasen des Konflikts

Trotz ihrer einvernehmlich vertretenen Opposition gegen den Zionismus und trotz ihrer numerischen Stärke im Land hatten die Palästinenser große Schwierigkeiten, ihre Ziele zu verfolgen. Abgesehen von den ungünstigen äußeren Bedingungen, die darin bestanden, dass ihre Gegner über wirksamere internationale Unterstützung verfügten als sie selbst, lassen sich diese im Wesentlichen auf zwei Umstände zurückführen: auf die strukturelle Schwäche der palästinensischen Gesellschaft und auf das Fehlen eines klaren politischen Programms. Die Führer der Bewegung gehörten meist zur traditionellen Oberschicht;

Schwäche der Palästinenser

sie waren Notabeln, deren Wohlstand und Anse-
hen weitgehend auf großem Grundbesitz beruhten. Die Rivalität der führenden Familien wirkte
sich schädlich aus; Streitigkeiten an der Spitze
setzten sich durch die ganze Bewegung hindurch
fort. Ein Indiz für den geringen Zusammenhalt
der palästinensischen Gesellschaft ist auch die
Bereitschaft vieler Grundbesitzer, den Zionisten
Land zu verkaufen – oft bei gleichzeitiger politischer Opposition gegen den Zionismus!

Dilemma der palästinensischen Führung

Was den zu verfolgenden politischen Kurs an-
ging, standen die Führer der Bewegung vor einem
Dilemma. Sie waren in der Regel einer gewissen
Bindung an Großbritannien nicht abgeneigt und
wussten wohl auch, dass eine frontale Stellung
gegen das britische Mandat kurzfristig wenig
Aussicht auf Erfolg hatte. Sie wandten sich aber
entschieden gegen den Zionismus, den sie als
Bedrohung palästinensischer Existenz im Land
schlechthin ansahen. Weil das Mandat (jedenfalls
bis 1939) unauflöslich mit dem Zionismus ver-
knüpft war, hätte aber die Anerkennung des Mandats diejenige des Zionismus mit sich gebracht.
Im Grunde gab es hier zwei Möglichkeiten: Akzeptierung des Mandats einschließlich seiner zionistischen Aspekte oder konsequenter Kampf gegen den Zionismus, der ein ebenso konsequentes
Eintreten gegen seinen Garanten, das Mandat,
voraussetzte. Die Führer der Nationalbewegung
schraken vor dieser Alternative zurück. Sie bildeten sich lange Zeit ein, sie würden die Briten von
ihrer prozionistischen Politik abbringen können,
das Mandat sei also auch ohne Zionismus zu ha-

ben. Das Festhalten an dieser illusionären Vorstellung ermöglichte ihnen, eine eindeutige Entscheidung zu vermeiden und weiter zwischen den Optionen zu lavieren, was zweifellos zur Schwäche der Bewegung beitrug.

Die Methoden der Bewegung waren über weite Strecken friedliche Proteste, Verhandlungen mit den Engländern, die Entsendung von Delegationen nach London und das Werben um arabische und internationale Unterstützung. Nur gelegentlich entlud sich die Frustration und Besorgnis der palästinensischen Araber gewaltsam. So gab es jeweils im Frühjahr 1920 und 1921 Unruhen, bei denen Araber Juden angriffen. Diese Unruhen wurden sofort niedergeschlagen und blieben für längere Zeit die letzten größeren gewaltsamen Auseinandersetzungen. Der Aufbau des jüdischen Nationalheims vollzog sich während der Zwanzigerjahre nicht in einem Tempo, das den Palästinensern unmittelbar bedrohlich erschien. Erst im August 1929 kam es wieder zum Ausbruch von Gewalt, weitere gewaltsame Unruhen folgten 1933 und 1935. Schließlich führten Enttäuschung und Ärger der Palästinenser zu der großen Rebellion von 1936 bis 1939.

Methoden des Widerstands

»Der Holocaust führte zur Gründung des Staates Israel«

Die »große Rebellion« und der Abschied vom Mandat

Die Peel-Kommission (1937)

Mehrere Faktoren führten zum Ausbruch der großen Rebellion: die dramatisch zunehmende Einwanderung, die Landtransfers, die nun mehr Bauern betrafen und also sichtbarer waren, die Enttäuschung der Hoffnung auf stärkere Regierungsbeteiligung und das schwindende Vertrauen in die eigene, palästinensische Führung, deren Vorgehen erfolglos geblieben war. Die Rebellion brachte die britische Regierung dazu, eine Kommission – die berühmte Peel-Kommission – nach Palästina zu schicken, um die den Unruhen zugrunde liegenden Ursachen zu eruieren. Die Kommission sprach als erste offizielle britische Körperschaft aus, dass das Mandat in seiner bisherigen Konzeption unhaltbar war. Die Empfehlung der Kommission – Teilung des Landes in einen jüdischen und einen arabischen Staat – erschien den Palästinensern so unakzeptabel, dass sie zur Intensivierung der Rebellion führte. Weite ländliche Gebiete gerieten außer Kontrolle der Regierung; die Unterdrückung der Rebellion erforderte massive Truppenverstärkungen und dauerte insgesamt etwa drei Jahre. Die Intensität des Aufstands ließ die Briten den Teilungsvorschlag zurückziehen und das Weißbuch von 1939 herausgeben, das Unabhängigkeit für Palästina innerhalb von zehn Jahren und strenge Beschränkungen für jüdische Einwanderung und Landkäufe vorsah.

Das Weißbuch von 1939 markierte das Ende der traditionellen, an der Balfour-Deklaration orientierten Mandatspolitik. Durch den arabischen Aufstand war klar geworden, dass der Aufbau eines jüdischen Nationalheims mit der Wahrung arabischer Interessen in Palästina nicht vereinbar war. Der Aufstand wurde brutal niedergeschlagen; danach gestand die britische Regierung allerdings die Undurchführbarkeit des Mandats ein und sah das Einfrieren der Kolonisierungstätigkeit und die Unabhängigkeit des Landes vor, ohne doch einen genauen Plan oder eine Verfassungsformel für diese Unabhängigkeit zu haben. Gleichzeitig brach der Zweite Weltkrieg aus, dessen Verlauf und Ausgang auch für Palästina gravierende Konsequenzen haben mussten.

Das Weißbuch von 1939 und die Folgen

Nach dem Krieg wurde das ganze Ausmaß der Judenvernichtung im deutsch besetzten Europa bekannt und erzeugte eine Atmosphäre der Sympathie für die so schwer getroffenen Juden. Die Zionisten nutzten das für ihre Sache aus, indem sie ihr palästinensisches Projekt als das Werk zur Rettung der notleidenden Juden schlechthin präsentierten.

Nach dem Zweiten Weltkrieg

> »Würden Sie sich zufriedengeben, wenn die Juden als Minderheit dieselben Rechte hätten wie die, welche Sie den Arabern als Minderheit versprechen? Nein, mein Herr, denn es muss einen Ort auf der Welt geben, an dem die Juden keine Minderheit sind.«
> (Golda Meir 1946)

Der Druck auf Großbritannien, Palästina wieder für nennenswerte jüdische Einwanderung zu öffnen, wuchs. Gegen diese Öffnung sprachen die Rücksicht auf die arabischen und muslimischen Verbündeten Großbritanniens und dessen begrenzte militärische Kapazitäten in Palästina, die zur Unterdrückung größerer Unruhen kaum ausgereicht hätten – zumal es die Mandatsmacht schon mit den Terrorkampagnen von Teilen der zionistischen Bewegung zu tun hatte, welche die Briten aus dem Land treiben wollten. Das vom Krieg geschwächte Großbritannien sah sich angesichts dieser in entgegengesetzter Richtung wirkenden Zwänge nicht mehr in der Lage, das Land zu verwalten, und gab Anfang 1947 das Mandat an die UNO zurück. Diese gründete einen Ausschuss zur Beratung über die Zukunft des Landes. Er produzierte zwei Pläne, einen für die Teilung und einen anderen für die Gründung eines binationalen Staats. Die UN-Generalversammlung beschloss am 29. November 1947 die Teilung – trotz der heftigen Opposition der Palästinenser und der Bedenken vieler Staaten. Die Palästinenser waren zu schwach, sich in den danach ausbrechenden Kämpfen gegen die Zionisten durchzusetzen. Das führte zur Gründung des Staats Israel und gleichzeitig zu der palästinensischen Katastrophe, der *nakba*.

»Die Araber sympathisierten mit den Nazis«

Palästinenser, Zionisten und Nazideutschland

Bei der Diskussion um den Palästinakonflikt wird oft erwähnt, die Araber zeigten große Sympathie für die Politik des nationalsozialistischen Deutschland, und dies dient zur Diskreditierung arabischer Positionen. Insbesondere sagt man den Palästinensern der Dreißiger- und Vierzigerjahre solche Sympathien, ja sogar konkrete Zusammenarbeit mit den Nazis nach. Wichtigstes Beweisstück dieser Argumentation sind der Aufenthalt des Mufti von Jerusalem, al-Hadsch Amin al-Husaini, in Deutschland von 1941 bis 1945 und seine Dienste für die Nazis während jener Zeit.

Araber und Nationalsozialisten

In der Tat trifft man bei Arabern öfter eine Sympathie für die Nazis an. Diese Haltung lässt sich aus einer besonders nach dem Ersten Weltkrieg empfundenen gemeinsamen Lage von Unterdrückung und Marginalisierung (Versailler Vertrag!), aus einer gemeinsamen Gegnerschaft gegen Großbritannien und Frankreich als in den arabischen Ländern aktive Kolonialmächte und gegen »die Juden« erklären – damit aber selbstverständlich nicht entschuldigen. Vielmehr handelt es sich um eine nicht nur moralisch fragwürdige, sondern auch politisch kurzsichtige Auffassung, die übrigens keineswegs von allen Palästinensern oder Arabern der Epoche geteilt wurde, sondern der vielfach heftig widersprochen wurde und wird.

**Amin
al-Husaini**

Die reale Kooperation von Palästinensern mit dem Nationalsozialismus beschränkte sich weitgehend auf den genannten Mufti. Abkömmling einer angesehenen Jerusalemer Familie und Inhaber der beiden einflussreichsten Ämter in der islamischen religiösen Verwaltung des Landes, konnte er sich zur führenden Gestalt der palästinensischen Nationalbewegung aufschwingen und spielte auch bei der Rebellion von 1936 bis 1939 eine große Rolle. Nach deren Verschärfung 1937 konnte er sich seiner Verhaftung nur durch die Flucht entziehen – zuerst nach Libanon, dann in den Irak, wo er an einem prodeutschen Putsch teilnahm. Nach dessen Niederschlagung floh er über Rom nach Berlin, leistete dort den Nazis verschiedene Dienste in ihrer »islamischen« Politik und erhielt seinerseits von ihnen einige vage Zusagen, seine Rolle nach einem siegreichen Vormarsch der Deutschen im Orient betreffend. In diesem Zusammenhang tat der Mufti scheußliche antisemitische Äußerungen und versuchte, die Ausreise von Juden aus Bulgarien und Rumänien zu verhindern. Dass er an der Judenvernichtung der Nazis beteiligt war oder sie gar inspirierte, wurde zwar immer wieder behauptet, aber nie belegt.

**Stellung
des Mufti**

Das Verhalten des Mufti, der die Führungsfigur der Palästinenser gewesen war, wurde und wird immer wieder zu deren pauschaler Diskriminierung herangezogen. Demgegenüber ist festzuhalten, dass er seine Stellung im Land selbst mit seiner Flucht verloren hatte. Nach dem Krieg hatte er zwar immer noch ein gewisses

Prestige, zumal er eine nationale Intransigenz zur Schau stellte, die umso mehr Zuspruch fand, je stärker die Palästinenser sich an die Wand gedrängt sahen, aber seine praktische Führungsposition konnte er nie wieder erlangen. Vom Mufti abgesehen leisteten die Palästinenser nie praktische Unterstützung für die Nazis. Viele von ihnen arbeiteten im Krieg direkt für die Briten; Sabotageaufrufe des Mufti blieben ungehört, ein gemeinsam mit den Deutschen geplantes Sabotageunternehmen scheiterte kläglich.

Die Zionisten arbeiteten zeitweise mit den Nazis zusammen, indem sie gemeinsam mit ihnen die Auswanderung deutscher Juden nach Palästina organisierten, wobei sie einen Teil ihrer Vermögen nach Palästina transferieren und dort in Form deutscher Waren in Empfang nehmen konnten (Haavara-Abkommen). Diese Zusammenarbeit erklärt sich aus einer partiellen Identität von Interessen, nämlich an jüdischer Auswanderung aus Deutschland bzw. Einwanderung nach Palästina und an dem daraus zu ziehenden ökonomischen Nutzen. Wenn man das Ziel des Zionismus, den jüdischen Aufbau in Palästina, als gegeben annimmt, war dieses Verhalten der Zionisten konsequent und ist ihnen nicht besonders vorzuwerfen. Es wirft allerdings kein sonderlich positives Licht auf die Sache des Zionismus insgesamt, dass die Zionisten in ihrem Dienst bereit waren, mit den Nazis zusammenzuarbeiten und dabei auch den von anderen jüdischen Organisationen ausgerufenen Boykott zu

Zionisten und Nazis

durchbrechen. Insbesondere sollten diejenigen, die diese Haltung eingenommen oder gutgeheißen haben, nicht den Palästinensern insgesamt das Verhalten des Mufti vorwerfen, sondern dessen Rolle sehen als das, was sie war. Stattdessen findet man immer noch eine erhebliche Aufblähung des Mufti, der als durchgehend führende Figur und Repräsentant der Palästinenser und als Inspirator der Nazis beim Holocaust hingestellt wird.

Die Gründung des Staates Israel und die Folgen

»Die Palästinenser verließen auf Anweisung arabischer Führer ihr Land«

Krieg und Vertreibung 1947 bis 1949

Die Ereignisse von 1947 bis 1949 waren der ganz große Schub in der Verwirklichung der zionistischen Pläne. Gleichzeitig sind sie für die arabischen Palästinenser die bisher größte Katastrophe ihrer nationalen Existenz. Sie nannten sie denn auch so: *nakba*. Die zionistische Führung akzeptierte den Teilungsbeschluss vom November 1947, denn er entsprach ihrem Wunsch nach internationaler Anerkennung jüdischer Staatlichkeit in Palästina. Die Palästinenser und andere Araber lehnten ihn vehement ab, da sie das Land nicht mit einer europäischen Siedlergruppe teilen wollten. Die Durchführung des Teilungsplans hätte mehrere Hunderttausend Palästinenser unter jüdische Dominanz gebracht, selbst wenn man sie ansonsten in Ruhe gelassen hätte.

Al-nakba – die Katastrophe

Diese politische Entwicklung bedeutete einen Wortbruch der Briten und der internationalen Staatengemeinschaft. Beide hatten in der Balfour-

Wortbruch der Briten und der UNO

Deklaration und ihrer internationalen Bestätigung im Palästinamandat zwar Unterstützung für den zionistischen Aufbau zugesagt, aber daran die Bedingung geknüpft, dass er nicht zu Lasten der arabischen Palästinenser gehen solle. Man hatte diesen auch versichert, es solle ihnen keine Lösung gegen ihren erklärten Willen aufgezwungen werden. Eben dies geschah aber jetzt. Weder die Briten noch die UNO fühlten sich aber für die praktische Umsetzung des Beschlusses verantwortlich. Großbritannien hatte sich bei der Abstimmung enthalten und überdies seinen Unwillen erklärt, sich an der Teilung des Landes zu beteiligen. So tat die britische Verwaltung alles, den eigenen Abzug ordentlich abzuwickeln und die Kontinuität geordneter Verhältnisse zu sichern – was praktisch meist hieß, die Autorität in die Hände der zionistischen Institutionen zu legen, die auf diese Aufgabe besser vorbereitet waren als die Araber. Zu deren Verteidigung taten die Briten wenig. Die UNO spielte keine praktische Rolle bei den Ereignissen.

Der Krieg So hing das weitere Schicksal des Landes und seiner Bewohner vom Verlauf und Ausgang des Kampfs zwischen den Zionisten und ihren Gegnern ab: zunächst den Palästinensern, seit Januar 1948 auch Freiwilligen aus anderen arabischen Ländern und seit dem 15. Mai 1948 den einrückenden arabischen Armeen. Die Zionisten wollten das für den jüdischen Staat vorgesehene Gebiet unter ihre Kontrolle bringen und die Verbindung zu den isoliert im arabischen Gebiet liegenden jüdischen Kolonien sichern; die Araber ihre Existenz im Land verteidigen, was vor allem hieß, diese jüdischen Siedlungen und die Verbindungen zu ihnen anzugreifen, denn an eine Offensive in den Kerngebieten jüdischer Besiedlung war angesichts der arabischen Schwäche nicht zu denken.

Auch im jüdischen »Kerngebiet« stellten Araber die Mehrheit der ländlichen Bevölkerung. Hier sollten nach den zionistischen Plänen die arabischen Dörfer besetzt und zumindest die tatsächlich oder potentiell feindseligen unter ihnen entvölkert werden. Im Verlauf der Entwicklung entfiel diese Einschränkung weitgehend: Man vertrieb die Araber, wo immer es möglich war, oft unter den Augen der britischen Armee. Dieses Vorgehen war im zionistischen Denken wenigstens seit den Diskussionen über »Transfer« der 1930er Jahre angelegt, der Plan kommt aber auch schon bei Herzl vor. Es gab keinen zentralen Befehl zur Vertreibung aller Araber, aber in der Praxis kristallisierte sich ein entsprechendes Vorgehen heraus. Die unmittelbare Verantwortung lag bei den Kommandeuren vor Ort, die sicher sein konnten, dass die Vertreibung höheren Orts gewünscht war.

Entvölkerung der Dörfer

Bis zur Ausrufung des Staats Israel am 14. Mai 1948 verließen so etwa 300 000 Araber, die große Mehrheit derjenigen, die im jüdischen »Kernland« gelebt hatten, ihre Heimat. In vielen Fällen handelte es sich um physische Vertreibung durch die zionistischen Verbände (Haganah, Irgun und Stern). Nach der Staatsgründung ging diese Politik weiter. Nun kämpfte die israelische Armee gegen die einrückenden regulären arabischen Ar-

Vertreibung als Kriegsziel

meen, hatte aber darüber hinaus noch die Kraft, die Vertreibungsaktionen fortzusetzen. Diese waren keine »natürliche« Begleiterscheinung der Kampfhandlungen, sondern wurden neben ihnen vorgenommen. Sie wurden immer mehr zu einem wichtigen Kriegsziel, das unabhängig von der Verteidigung und Ausdehnung des Staats Israel verfolgt wurde. Nach dem Krieg kontrollierte Israel nicht die ihm von der Teilungsresolution zugestandenen 56 Prozent, sondern 78 Prozent von Mandatspalästina; von den etwa 900 000 Palästinensern, die auf diesem Gebiet gelebt hatten, waren nur noch ca. 150 000 da.

Gründe des Exodus Die Palästinenser verließen nicht leichthin ihre Heimat, noch weniger taten sie es auf Anweisung arabischer Führer, wie es die israelische Propaganda bis heute behauptet. Es wurden nie nennenswerte Indizien für diese Behauptung vorgewiesen. Der Exodus war vielmehr Resultat einer systematisch geplanten und durchgeführten Politik zur Vertreibung der Araber. Ein Staat mit klar jüdischem Charakter und jüdischer Dominanz war unter den bestehenden demographischen Verhältnissen, mit Arabern als der großen Mehrheit der ländlichen Bevölkerung, nicht zu errichten. Das wurde schon früh gesehen und ausgesprochen; während der Mandatszeit entwickelten die Zionisten konkrete Pläne für den ›Transfer«, und in der Situation der Beendigung des Mandats nutzten sie die Gunst der Stunde, um diesen Transfer durchzuführen.

Massaker Dabei begingen sie zahlreiche Massaker, zum Teil von massivem Ausmaß und äußerster Brutalität der Durchführung. Das Vorkommen, die Intensität und die Brutalität dieser Massaker lassen ein Muster erkennen, das sie klar mit der Absicht der Entvölkerung arabischer Dörfer und Stadtviertel in Verbindung bringt. Sehr bekannt ist das Massaker von Deir Yasin bei Jerusalem im April 1948, aber es war, auch in dieser Größenordnung, bei weitem nicht das einzige. Es wurde allerdings von den revisionistischen Organisationen (Irgun und Stern) begangen, die sich mit ihm brüsteten, wohl um viele Palästinenser in die Flucht zu jagen. Die meisten anderen gehen auf das Konto von Einheiten des Arbeiterzionismus, die sie eher geheim zu halten versuchten. Inzwischen sind zahlreiche dieser Massaker dokumentiert, nachdem das offizielle Israel sie lange verschwiegen und geleugnet hatte.

Gelegentlich wird argumentiert, die Palästinenser hätten sich ihr Unglück selbst zuzuschreiben, denn die Vertreibungen seien in einem Krieg erfolgt, den sie durch ihre Ablehnung des Teilungsplans und ihre Angriffe auf jüdische Siedlungen und Konvois selbst begonnen hätten. Von den Palästinensern zu erwarten, dass sie die Gründung eines jüdischen Staats, in dem sie selbst etwa vierzig Prozent der Bevölkerung stellen und jüdischer Dominanz unterliegen würden, ohne weiteres hinnehmen würden, war unrealistisch. Die zionistische Führung erwartete das auch nicht tatsächlich. Vielmehr hatte sie den Krieg vorausgesehen, sich seit Jahren auf ihn vorbereitet und nutzte ihn zur Erreichung ihrer Ziele – Errichtung und Erweiterung eines jüdischen Staats mit möglichst geringer arabischer Bevölkerung – nach Kräften aus. Die Freiwilligen- und regulären Armeen aus

Verantwortung der Araber

den arabischen Ländern intervenierten erst, als dieser Prozess in vollem Gang war und sich herausstellte, dass die Palästinenser ihm weitgehend hilflos ausgesetzt waren. Der mit verhältnismäßig geringen Mitteln halbherzig unternommene Versuch der arabischen Staaten, die Teilung des Landes zu verhindern, erreichte sein Ziel nicht. Israel konnte ihn relativ leicht abwehren, vor allem nachdem es durch Waffenlieferungen aus dem Ostblock aufgerüstet war. Angesichts dieses Sachverhalts den Arabern die Hauptverantwortung für den Krieg zuzuschreiben, ist sachlich falsch.

Vertreibung und Völkerrecht

Unabhängig von der Verantwortung für den Krieg ist die Vertreibung von Zivilisten kriegsvölkerrechtlich unzulässig. Israelische Versicherungen, es habe die Vertreibungen nicht gewollt, werden angesichts seiner strikten Weigerung, die Flüchtlinge bzw. Vertriebenen zurückkehren zu lassen, unglaubwürdig. Wenigstens vierhundert arabische Dörfer auf dem Gebiet des Staats Israel wurden nach ihrer Entvölkerung zerstört, die bis dahin arabischen Wohngebiete der Städte mit Juden besiedelt. Insgesamt handelte es sich bei den beschriebenen Vorgängen um einen Akt massiver ethnischer Säuberung, dem der Staat Israel seine verhältnismäßige ethnische Homogenität verdankt. Wenn man das zionistische Ziel der Errichtung eines jüdischen Staats voraussetzt, war diese Politik konsequent. Sie war aber völkerrechtswidrig und ging mit zahlreichen massiven Kriegsverbrechen einher. Damit der Staat Israel gegründet werden konnte, wurde den Palästinensern ihre Heimat genommen.

»Israel hatte keinen echten Verhandlungspartner«

Israel und die Araber

Mit der Gründung des Staats Israel und sei- **Keine Partner?**
ner erfolgreichen Behauptung im Krieg gegen
die Araber hatte die zionistische Bewegung ihr
erklärtes Ziel – die Gründung eines jüdischen
Staats – erreicht. Dieser Staat umfasste fast vier
Fünftel von Mandatspalästina und hatte nur
noch eine relativ kleine Minderheit von Arabern.
Den Palästinensern war mit diesen Vorgängen
großes Unrecht geschehen. Wenn Israel bei dieser Sachlage friedlich in die Region integriert
werden sollte, erforderte das auf beiden Seiten
viel guten Willen und eine Politik des Ausgleichs.
Es kam nicht dazu. In der offiziellen israelischen
Darstellung, die im Westen weithin akzeptiert
wurde, sind dafür wesentlich die arabischen
Staaten verantwortlich, die zwar einen Waffenstillstand mit Israel geschlossen hatten, aber weitere Verhandlungen mit ihm ablehnten und
nicht zu einem Friedensschluss bereit waren. In
diesem Bild gab es also für Israel keinen Partner
auf der »anderen Seite«.

Diese Darstellung ist bei näherer Betrachtung **Kontakte**
nicht zu halten. In den Jahren nach der Staatsgründung gab es immer wieder – meist indirekte
– Kontakte zwischen den beiden Seiten, die bei
konsequenter Verfolgung zu Verhandlungen hätten führen können. Das weist Avi Shlaim in sei-

nem Buch »Israel and the Arabs« nach. Dabei zeigten sich arabische Regierungen teilweise sehr kompromissbereit – bis hin zu einem Angebot der syrischen Regierung, Palästinaflüchtlinge auf ihrem Gebiet anzusiedeln. Israel nutzte diese Gelegenheiten nicht. Ernsthafte Verhandlungen hätten von ihm gewisse Konzessionen (territoriale Zugeständnisse, Rücknahme eines Teils der Flüchtlinge) verlangt, und dazu war es nicht bereit. Vielmehr hielt es an einmal errungenen Vorteilen eisern fest. Angesichts des großen Unrechts, das den Palästinensern durch die Gründung des Staats Israel und ihre Begleitumstände angetan worden war, gab es bei vielen Arabern erheblichen Groll und irredentistische Positionen, die es den arabischen Regierungen schwer machten, offen mit Israel zu verhandeln. Der offizielle Irredentismus der Araber wurde dann wieder zur Rechtfertigung israelischer Intransigenz herangezogen.

Ruhe an den Grenzen

Trotz des offiziell andauernden Kriegszustands blieb es an den israelisch-arabischen Demarkationslinien über weite Strecken ruhig. Israel bemühte sich durch bewusst harte Schläge, Palästinenser vom Überschreiten dieser Linien abzuhalten, und die Nachbarstaaten beteiligten sich an diesem Versuch – sie hatten kein Interesse an einer Eskalation. Im Gegensatz zur verbreiteten Auffassung hielt Ägypten die palästinensischen Guerillas im Gazastreifen unter Kontrolle, und auch die Beschießungen israelischer Grenzsiedlungen durch die syrische Artillerie auf den Golanhöhen, die oft als Grund für deren fortdauernde Besetzung genannt werden, waren meist bewusst von Israel provoziert, wie der Urheber dieser Politik, Mosche Dayan, selbst zu Protokoll gab.

> »Hören Sie auf! Ich weiß doch, wie mindestens 80 Prozent der Kämpfe dort anfingen. Meiner Meinung nach mehr als 80 Prozent, aber sagen wir 80 Prozent! Es lief so: Wir schickten einen Traktor zum Pflügen irgendwohin, wo man nichts tun konnte, in der demilitarisierten Zone, und wussten vorher schon, dass die Syrer anfangen würden zu schießen. Wenn sie nicht schossen, befahlen wir dem Traktor, noch weiter vorzufahren, bis die Syrer schließlich so ärgerlich wurden, dass sie schossen. Und dann setzten wir Artillerie ein, und später auch die Luftwaffe. So war's.«
> (Mosche Dayan)

Der Suezkrieg 1956

Im Herbst 1956 gab es noch einmal eine kriegerische Auseinandersetzung Israels mit Ägypten. Anlass war die Verstaatlichung der britisch-französischen Suezkanalgesellschaft durch die ägyptische Regierung, welche die beiden betroffenen Staaten kriegerisch rückgängig machen wollten. Israel schloss sich aus eigenen Interessen dem Bündnis an. Es wollte vor allem den ägyptischen Präsidenten Nasser abschrecken (oder sogar stürzen), Landgewinne machen und sich noch nachhaltiger mit wichtigen westlichen Staaten verbinden. Seine Kampagne (Ende Oktober 1956) war ein militärischer Erfolg – Eroberung des Gazastreifens und des

Gamal Abdel Nasser

Sinai –, aber ein politischer Fehlschlag. Der israelische Ministerpräsident Ben-Gurion hatte siegestrunken das »Dritte Königreich Israel« verkündet und angedeutet, Israel könne die eroberten Gebiete annektieren. Allerdings hatte sich Israel in seiner aggressiven Strategie und dem Bündnis mit den alten Kolonialmächten verkalkuliert. Es wurde – ebenso wie die britischen und französischen Streitkräfte – durch amerikanischen und sowjetischen Druck zum Rückzug gezwungen. Seine einzige Kriegsbeute war das Recht zur ungehinderten Durchfahrt durch die Straße von Tiran und damit die Möglichkeit, den südlichen Hafen Eilat zu benutzen. Das Suezabenteuer war der vorläufige Höhepunkt der aggressiven, gewaltbetonten Politik Israels gegenüber den Arabern. Obwohl es in einem demütigenden Rückzug endete, brachte es die israelische Führung nicht zum Umdenken. Der Exponent einer gemäßigten Politik, die auf politische Verhandlungen setzte, Mosche Scharett, war endgültig politisch ausgeschaltet worden; sein Gegenspieler Ben-Gurion triumphierte. Für die Araber war der Suezkrieg ein neuer substantieller Beweis für Israels Aggressivität und seine Rolle als Brückenkopf der alten Kolonialmächte im Nahen Osten.

David Ben-Gurion

»Die arabische Bevölkerung Israels ist gleichberechtigt«

Die Lage der Palästinenser nach 1948

Auch die innere Verfassung Israels wurde zu einem Problem, zunächst vor allem für seine palästinensischen Bewohner. Israel war als jüdischer Staat gegründet worden, und dies schlug sich in einer ganzen Reihe von rechtlichen und praktischen Vorkehrungen nieder, die nicht nur Juden gegenüber Nichtjuden im Staat enorm privilegierten, sondern auch allen nichtisraelischen Juden bestimmte Rechte in und auf Israel sicherten – z. B. das Recht, jederzeit nach Israel einzuwandern und die israelische Staatsbürgerschaft zu erhalten, wenn sie das wollten (»Rückkehrgesetz«).

Israel und seine arabischen Bewohner

Die nichtjüdischen Bewohner des Staats – in erster Linie also die arabischen Palästinenser, die in Israel verblieben waren – wurden in vieler Hinsicht diskriminiert, ausgegrenzt und unterdrückt. Es begann damit, dass es den 1948 Vertriebenen und den Flüchtlingen nicht gestattet wurde, nach Israel zurückzukehren. Ihr Land und sonstiger zurückgelassener Besitz wurden mit Beschlag belegt. Auch den in Israel verbliebenen Palästinensern wurde seit 1948 ein großer Teil ihrer Ländereien unter verschiedenen gesetzlichen Vorwänden weggenommen. Am Ende des Mandats befanden sich ca. acht Prozent des Territoriums, das dann der Staat Israel wurde, in jüdischem Besitz; wenige Jahre später waren es

93 Prozent. Der ganze Vorgang war ein enormer, nachträglich legalisierter Landraub, möglich, weil sich die Zionisten jetzt im Besitz der Staatsmacht befanden.

Diskriminierung Die Bewohner der arabischen Dörfer standen bis 1966 unter Militärrecht, was beispielsweise bedeutete, dass sie ihre Ortschaften nicht ohne Sondergenehmigung verlassen durften. In Israel werden viele Vergünstigungen und Sozialleistungen nicht von staatlichen, sondern von internationalen jüdischen Organisationen vergeben oder verwaltet und stehen damit grundsätzlich nur Juden zu. Arabische Ortschaften werden bei der Vergabe von Entwicklungsgeldern, im Hinblick auf die Erziehungsbudgets und in anderer Hinsicht enorm benachteiligt.

Politische Restriktionen Und schließlich wurden und werden die Palästinenser in Israel politisch scharf eingeengt und unterdrückt – von dem Verbot solcher Organisationen, die nationalistischer Tendenzen verdächtigt werden, bis hin zur gewaltsamen Auflösung von Demonstrationen und zu regelrechten Massakern (Kafr Qasim 1956, der »Tag des Bodens« 1976, die Erschießung von Demonstranten Anfang Oktober 2000). Diese scharfe Diskriminierung eines großen Teils der eigenen Bevölkerung ist mit dem israelischen Anspruch, ein demokratischer Staat zu sein, und mit dem Text der Unabhängigkeitserklärung, der die Gleichbehandlung der Staatsbürger verspricht, nicht vereinbar.

Die Palästinenser nach 1948 Die Palästinenser fanden sich nach 1948 in einer sehr schwachen Position. Sie waren über viele

> »Der Staat Israel wird für die jüdische Ein-
> wanderung und die Sammlung der zerstreu-
> ten Volksglieder geöffnet sein; er wird für
> die Entwicklung des Landes zum Wohle al-
> ler seiner Bewohner sorgen; er wird auf den
> Grundlagen der Freiheit, Gleichheit und des
> Friedens, im Lichte der Weissagungen der
> Propheten Israels gegründet sein; er wird
> volle soziale und politische Gleichberech-
> tigung aller Bürger ohne Unterschied der
> Religionen, der Rasse und des Geschlechts
> gewähren.«
> (Aus der Unabhängigkeitserklärung des
> Staats Israel, 14.5.1948)

Länder zerstreut und in drei große Gruppen ge-
spalten: die in Israel Verbliebenen, die aus ihren
bisherigen Wohnsitzen Vertriebenen (im Folgenden als Flüchtlinge bezeichnet) und die ursprünglich in Westbank und Gazastreifen Ansässigen.
Von diesen Gruppen war die letzte am wenigsten
vom Konflikt und der israelischen Staatsgründung betroffen. Sie lebte immerhin noch am alten
Ort und unter arabischer Herrschaft. Der Gazastreifen kam unter ägyptische Militärverwaltung,
die Westbank wurde von Jordanien annektiert.
Die Palästinenser in Israel waren nun Bürger eines
ausdrücklich als jüdisch verfassten Staats und daher in vieler Hinsicht diskriminiert. Die Flüchtlinge waren meist in die Westbank und den Gazastreifen, aber auch nach Libanon und Syrien, in
geringerem Maß auch in andere arabische Länder
geflohen. Die realen Lebensumstände der Palästi-

nenser waren nun ausgesprochen verschieden, je nach ihrem demographischen Gewicht, den ökonomischen Verhältnissen am Ort ihres Aufenthalts und ihrer Behandlung durch die Behörden und ggf. die Mitbewohner. Gemeinsam war ihnen nur, dass ihnen, wo sie auch waren, das Recht auf nationale Selbstbestimmung als Palästinenser verwehrt wurde und bis heute wird. Die meisten Flüchtlinge, von Hause aus Bauern, hatten ihre Lebensgrundlage verloren und wurden von der UNRWA, einer eigens zu diesem Zweck gegründeten Hilfsorganisation der UNO, mit dem Notwendigsten (Lebensmittelrationen, Unterkünfte, Erziehung und Gesundheitsfürsorge) versorgt.

Neue palästinensische Bewegungen Der Schock der *nakba* und die restriktiven Bedingungen in den Ländern, in denen sie sich befanden, erschwerten den Palästinensern jede politische Betätigung. Dennoch wurden manche von ihnen in den politischen Organisationen aktiv, die sie vorfanden, so etwa in den kommunistischen Parteien, in der Baath-Partei oder bei den Muslimbrüdern. Eine nationalistische, grundsätzlich gesamtarabische Organisation, die BAN (Bewegung arabischer Nationalisten), wurde sogar vornehmlich von Palästinensern gegründet. Erst allmählich erholten sich die Palästinenser von ihrer Lähmung und gründeten eigenständige palästinensische Organisationen. Dabei gab es, grob gesprochen, zwei Tendenzen: eine panarabische, die zur Wiedergewinnung Palästinas auf die Aktion der arabischen Armeen setzte und sich stark am ägyptischen Präsidenten Nasser ausrichtete, ja sich selbst als die nasseristische Organisation der

Palästinenser verstand. Das waren der palästinensische Zweig der BAN und ihr Umkreis.

Die zweite Tendenz betonte die Eigenständigkeit der palästinensischen Aktion. In erster Linie sollten Palästinenser für palästinensische Belange kämpfen. Von den arabischen Staaten erwartete diese Tendenz keine eigene Initiative; sie sollten eher durch palästinensische Kommandoaktionen und deren destabilisierende Wirkung in die Auseinandersetzung mit Israel hineingerissen werden. Diese Tendenz wurde wesentlich von der Ende der Fünfzigerjahre im Exil gegründeten Bewegung »Fath« verkörpert. Sie wurde seinerzeit von den arabischen Regimes marginalisiert und von der Presse totgeschwiegen und erhielt sehr wenig Zulauf. Bis 1967 sah sich die überwältigende Mehrheit der Palästinenser durch die gesamtarabische Konzeption vertreten und erwartete vor allem von Nasser und der ägyptischen Armee Hilfe. Die arabische Niederlage im Junikrieg versetzte dieser Erwartung einen schweren Dämpfer. Die arabischen Armeen hatten sich als wenig schlagkräftig erwiesen und waren – jedenfalls vorläufig – aus dem Kampf ausgeschieden. Dagegen legte Fath die Waffen nicht nieder und führte ihre Kommandoaktionen, wie ineffizient auch immer, weiter. Das verschaffte ihr in kurzer Zeit ungeheuren Zulauf. Das Kräfteverhältnis unter den palästinensischen Gruppen kehrte sich nun um; Fath wurde für Jahrzehnte zur populärsten palästinensischen Organisation.

Fath

Zu *dem* Symbol palästinensischer Aktion wurde der bewaffnete Kampf, den man sich, inspiriert

Bewaffneter Kampf

durch die damals in der Dritten Welt populäre Konzeption, als lang dauernden Guerillakrieg vorstellte. Auch die aus der BAN hervorgegangenen palästinensischen Organisationen, PFLP (Volksfront zur Befreiung Palästinas) und DFLP (Demokratische Front zur Befreiung Palästinas), passten sich diesem von Fath vorgegebenen Muster weitgehend an, ohne doch ihre stärker gesamtarabische Orientierung aufzugeben. Sie setzten nun auf die sozialrevolutionäre Umgestaltung der ganzen arabischen Welt und übernahmen offiziell den Marxismus als Ideologie. Aus den genannten und einigen weiteren Organisationen entstand eine neue, eigenständig palästinensische Widerstandsbewegung.

Gründung der PLO

Bereits 1964 war auf Initiative der arabischen Regierungen die »Palästinensische Befreiungsorganisation« (PLO) gegründet worden, blieb aber jahrelang ein Anhängsel der Arabischen Liga,

Arafat in Amman, 1970

im Grunde ein Feigenblatt für die arabische Passivität in Sachen Palästina. Nach der Entstehung der neuen Widerstandsbewegung und dem Popularitätsschub, den sie nach dem Junikrieg erfuhr, übernahmen die neuen Gruppen die Führung der PLO, die seitdem zum Synonym für den palästinensischen Widerstand geworden ist. 1969 wurde Yasir Arafat, der Sprecher von Fath, zum Vorsitzenden der PLO gewählt und blieb das auch bis zu seinem Tod im November 2004.

Die Besatzung

»Israel war in seiner Existenz bedroht«

Der Junikrieg 1967

Der Junikrieg von 1967 bedeutete eine wichtige Veränderung in der Konfliktkonstellation. Er war Höhepunkt einer Eskalation, an deren Beginn ein Konflikt um Wasserressourcen stand. 1964 stellte Israel einen Kanal fertig, mit dem Wasser aus dem See Genezareth ins zentrale und südliche Israel geleitet wurde. Das bedeutete die Ablenkung eines großen Teils des Jordanwassers für israelische Zwecke. Damit sahen sich die arabischen Staaten, die ebenfalls das Jordanwasser nutzten, übervorteilt. Libanon und Syrien reagierten mit Plänen, die auf ihrem Gebiet liegenden Quellflüsse des Jordan umzulenken, und begannen mit entsprechenden Bauarbeiten. Die israelische Armee verhinderte durch Beschießung der Baustellen die Fortführung der Arbeiten. Verärgert über diese Niederlage, gestattete die syrische Führung fortan palästinensische Kommandoaktionen in Israel von ihrem Gebiet aus. Darauf reagierte Israel mit Militärschlägen und öffentlichen Drohungen gegen Syrien. Nas-

Konflikt um Wasserressourcen

ser fühlte sich wegen seines Verteidigungsbündnisses mit Syrien und seines Führungsanspruchs in der arabischen Welt zu einigen feindseligen Gesten gegenüber Israel genötigt. Er brachte Truppen auf den Sinai, forderte die an der Grenze stehenden UN-Beobachter zum Abzug auf und sperrte die Straße von Tiran für israelische Schiffe. Dies war für Israel Anlass zum Krieg, den es dann auch am 5. Juni 1967 begann und in dem es einen leichten Sieg über Ägypten, Syrien und Jordanien errang.

Eine lebens-bedrohliche Lage? Gegen eine weit verbreitete Legende, die auch von der israelischen Bevölkerung seinerzeit akzeptiert wurde, muss man betonen, dass sich der Staat Israel damals in keinerlei lebensbedrohlicher Lage befand. Nasser war weder auf einen Krieg mit Israel vorbereitet noch hatte er konkrete Pläne dafür. Vielmehr wollte er in der beschriebenen Situation mit dem Säbel rasseln und ging dabei in einer Fehleinschätzung der Lage zu weit. Damit gab er Israel einen für die Weltöffentlichkeit akzeptablen Grund, loszuschlagen. Wenn Israel das tat, dann nicht, weil es sich gravierend bedroht fühlte, sondern weil es den Gegner empfindlich schwächen und die Abschreckungswirkung seiner Armee erhalten wollte, die bei Hinnahme der Sperrung Schaden genommen hätte.

Der Krieg demonstrierte die israelische Schlagkraft und militärische Überlegenheit selbst über eine Koalition arabischer Staaten; die säkular-progressiven Regimes Ägyptens und Syriens wurden entscheidend geschwächt; der Islamismus begann seinen Siegeszug. Israel hatte, außer Sinai und Golan, auch noch den Rest Palästinas, die Westbank (einschließlich Ostjerusalems) und den Gazastreifen, erobert. Zusätzlich zu den damals etwa 320 000 Palästinensern in Israel kamen nun noch einmal mehr als eine Million Palästinenser unter israelische Kontrolle. Diese Zahl schließt schon die wenigstens 300 000 Leute aus, die sehr bald nach der Besetzung die Gebiete verließen – unter kräftiger Ermutigung durch die Besatzungsbehörden.

Israel ging enorm gestärkt aus dem Junikrieg hervor; die arabischen Staaten, besonders die mit antiimperialistischem Selbstverständnis, die ihre Gegnerschaft zu Israel immer besonders betont hatten, waren sehr geschwächt. Auch ökonomisch erlebte Israel nach 1967 einen Boom, konnte seine wirtschaftliche Basis konsolidieren und wurde so unabhängiger von äußerer Hilfe. Das verstärkte freilich auch die Arroganz der israelischen Führung, die nun glaubte, sie könne sich alles leisten und brauche sich um eine Verständigung mit den Arabern nicht zu bemühen – diese würden schon ihrerseits auf Israel zukommen, und wenn sie es nicht täten, könne Israel auch das aushalten. Er warte nur auf den Telefonanruf aus Amman, bemerkte der damalige israelische Verteidigungsminister Mosche Dayan in diesem Zusammenhang.

Entwicklungen nach 1967

Dieser Anruf kam nicht. Bei einer Gipfelkonferenz in Khartum im August 1967 lehnten die arabischen Staaten Verhandlungen mit Israel sowie

Land gegen Frieden?

dessen Anerkennung ab. Bei dieser schroffen Ablehnung blieb es freilich nicht. Im November 1967 beschloss der UN-Sicherheitsrat seine Resolution 242, welche den israelischen Rückzug aus den (oder wenigstens: den meisten) 1967 besetzten Gebieten, die Beendigung des Kriegszustands und die Anerkennung aller Staaten der Region in gesicherten Grenzen sowie eine gerechte Regelung des Flüchtlingsproblems forderte. Damit war das Prinzip »Land gegen Frieden«, also israelischer Rückzug im Austausch gegen seine Anerkennung durch die arabischen Staaten, in alle künftigen Regelungsversuche eingebracht. Auf dieses Prinzip ließen sich die arabischen Staaten schrittweise ein; Israel, das dieses Prinzip unmittelbar nach dem Junikrieg ins Spiel gebracht hatte, entfernte sich allerdings immer weiter von ihm, indem es in den besetzten Gebieten vollendete Tatsachen schuf und von den Arabern kaum erfüllbare Vorleistungen forderte – so etwa die Zusicherung von Friedensverträgen vor jedem israelischen Rückzug.

»Die PLO wollte Israel vernichten«

Palästinensischer Widerstand und die Wandlung der PLO

Für die Palästinenser bedeutete der Junikrieg auf zwei Schauplätzen eine Veränderung: in der palästinensischen Diaspora und in den neu besetzten palästinensischen Gebieten, Westbank und Gazastreifen. Zunächst machten sie vor allem auf dem ersten Schauplatz von sich reden. Anders als die arabischen Staaten legten die neuen palästinensischen Widerstandsorganisationen die Waffen nicht nieder, sondern fuhren fort, bewaffnete Aktionen gegen Israel zu unternehmen. Sie taten das im Rahmen einer Strategie des Guerillakriegs. Die palästinensischen Guerillas beriefen sich auf Mao Tsetung, Vo Nguyen Giap und Che Guevara. Freilich waren die Bedingungen für einen so konzipierten »Volkskrieg« in der Auseinandersetzung mit Israel nicht günstig. Die spektakulärsten Kampfformen waren Kommandoaktionen, darunter auch terroristische Anschläge in Israel sowie Flugzeugentführungen mit Geiselnahmen weltweit. Damit konnten diese Organisationen Israel nichts anhaben und kamen damit ihrem erklärten Ziel nicht näher, wohl aber gelang es ihnen, zum ersten Mal seit langer Zeit Aufmerksamkeit für die palästinensische Sache zu wecken.

Ein Volkskrieg?

Angesichts ihrer spektakulärsten Kampfformen war das Bild der Palästinenser in der Weltöffent-

Stärkung der PLO

lichkeit überwiegend negativ, aber man nahm sie nun wenigstens zur Kenntnis. Für sie selbst bedeutete diese Entwicklung eine Stärkung ihres Selbstbewusstseins; die Widerstandsorganisationen, besonders die größte von ihnen, Fath, erhielten großen Zulauf und wurden in Jordanien mit seiner mehrheitlich palästinensischen Bevölkerung zu einem Staat im Staat. Nach einer besonders provokativen Aktion wurden sie dort in heftigen bewaffneten Kämpfen von der Armee dezimiert und letztlich aus dem Land gedrängt (»Schwarzer September« 1970). Danach etablierten sie sich und die Führungsstrukturen der PLO im Libanon. Auf der arabischen, dann aber auch auf der internationalen Ebene wurde die PLO bald ziemlich allgemein als legitime Vertreterin der Palästinenser anerkannt; ihr Vorsitzender Yasir Arafat konnte 1974 in der UN-Vollversammlung sprechen.

Abschied vom Irredentismus

Die politische Haltung der PLO war lange Zeit irredentistisch, d. h., sie wollte Israel nicht akzeptieren, sondern es zerstören und durch einen »säkular-demokratischen Staat Palästina« ersetzen, dessen Charakter nicht genau bestimmt wurde. Ein Palästinastaat in Westbank und Gazastreifen, also neben Israel, wurde zunächst ausdrücklich abgelehnt.

> **Irredentismus: politische Bewegung oder Ideologie, die den Anschluss abgetrennter Gebiete an das Mutterland verfolgt. Von ital. irredenta, unerlöst.**

Diese Haltung änderte sich, wenn auch langsam und schrittweise, waren doch die Widerstandsorganisationen als Vertreter der palästinensischen Flüchtlinge entstanden, die unmittelbar durch die Entstehung Israels geschädigt waren. Nach dem Oktoberkrieg von 1973 erschien es möglich, Israel mit Hilfe internationalen Drucks zum Rückzug aus den 1967 besetzten Gebieten zu bewegen. Überdies war das Prestige der arabischen Regierungen durch die Anfangserfolge im Krieg wieder angestiegen. Sie drängten nun die PLO, einer Zwei-Staaten-Regelung zuzustimmen. Diese beschloss im Juni 1974 das sogenannte Etappenprogramm, »die Errichtung der kämpferischen, unabhängigen nationalen Volksautorität auf jedem Teil des palästinensischen Bodens, der befreit wird« (Beschluss des 12. Palästinensischen Nationalrats, Anfang Juni 1974). Man fasste also im Gegensatz zur früheren Haltung Zwischenlösungen für den Fall eines israelischen Rückzugs aus den 1967 besetzten Gebieten ins Auge. Das weitergehende Ziel der Befreiung ganz Palästinas wurde dabei noch nicht aufgegeben.

Der so begonnene Prozess ging weiter – in heftiger Auseinandersetzung mit oppositionellen Kräften, mit Rückschlägen und gelegentlichen Rückfällen in irredentistische Rhetorik. Die Tendenz zur Verabschiedung vom Irredentismus blieb aber eindeutig. Sie wurde dadurch gefördert, dass die Bewegungsfreiheit und der Manövrierspielraum der PLO und der palästinensischen Diaspora allgemein immer weiter eingeschränkt wurde und die PLO sich immer stärker auf die

Das Etappenprogramm

Westbank und den Gazastreifen als ihre Haupt-
basis verwiesen sah. Dort war aber die Tendenz
zu einer Zwei-Staaten-Regelung eindeutiger als
in der Diaspora, denn eine solche Regelung
würde das Hauptproblem der besetzten Gebiete,
eben die Besatzung, beseitigen. Beim 19. Palästinensischen Nationalrat in Algier im November
1988 wurde denn auch ganz klar und offiziell die
Zwei-Staaten-Regelung akzeptiert.

»Israel war zu Kompromissen bereit«

Oktoberkrieg, Siedlungspolitik und Libanonkrieg

Zu Beginn der Siebzigerjahre schlugen arabische Staaten, insbesondere Ägypten, immer wieder arabisch-israelische Verhandlungen zu einer Regelung des Konflikts vor, die ihnen die 1967 besetzten Gebiete wieder verschaffen sollten, und zwar auf der Grundlage der Resolution 242, also im Gegenzug gegen die Anerkennung Israels und einen Friedensvertrag mit ihm. Die damalige israelische Regierung unter Golda Meir lehnte diese Vorschläge ab und bestand stattdessen auf dem Abschluss eines formellen Friedensvertrags vor jedem israelischen Rückzug. Sie glaubte, sich diese Haltung aus ihrer Position der Stärke leisten zu können.

Verhandlungs-angebote

Daraufhin planten Ägypten und Syrien einen begrenzten Krieg, um die festgefahrenen Fronten im Nahostkonflikt wieder in Bewegung zu bringen, und griffen am 6. Oktober 1973 tatsächlich die israelischen Stellungen auf dem Sinai und dem Golan an. Sie konnten die Befestigungen durchbrechen und erhebliche Anfangserfolge erzielen. Nachdem sich Israel von seiner Überraschung erholt und massiven Nachschub von den USA erhalten hatte, konnte es die Araber aber wieder in ihre Ausgangspositionen zurückdrängen, also eine Niederlage vermeiden. Dennoch war dieser Krieg ein Schock für die israelische Öffentlichkeit und ein, wenn auch begrenzter, Er-

Oktoberkrieg 1973

folg für die Araber, der so partiell ihre Demü-
tigung von 1967 überwinden half. Der Krieg
führte auch zu intensiven diplomatischen Bemü-
hungen um eine Beilegung des Konflikts und zu
Truppenentflechtungsabkommen. Im ägyptisch-
israelischen Verhältnis war das wohl auch die
Vorbereitung für die Initiative des ägyptischen
Präsidenten Sadat von 1977, die dann 1978 zu
den Abkommen von Camp David und 1979 zu
dem ägyptisch-israelischen Friedensvertrag führten, durch den Ägypten auch die Sinai-Halbinsel
zurückerhielt.

Situation der besetzten Gebiete Der andere Teil der palästinensischen Bevölkerung, für den sich 1967 eine völlig neue Lage
ergab, waren die Bewohner von Westbank und Gazastreifen. Sie fanden sich nun unter der israelischen Besatzung wieder, die sich trotz der anfangs
geäußerten israelischen Kompromissbereitschaft
als ausgesprochen langlebig erwies und viel drü-
ckender und einschneidender war (und immer
noch ist!), als es die israelische Propaganda wahr-
haben will.

Anschluss an Israel Im Hinblick auf das Schicksal der 1967 besetzten
Gebiete gab es in Israel keinen Konsens. Ein poli-
tisches Lager, im Wesentlichen die Arbeitspartei,
wollte an strategisch wichtigen Zonen (Golan,
Jordangraben, Scharm el-Scheikh) festhalten,
aber dicht arabisch besiedelte Gebiete (zentrale
Westbank) wieder loswerden – am liebsten an
Jordanien; das andere Lager wollte alle besetzten
Gebiete auf Dauer kontrollieren. Angesichts die-
ses Dissenses entschied man sich für die Beibe-

haltung des Status quo: israelische Kontrolle der Gebiete ohne Entscheidung über ihre Zukunft. Praktisch wurden die Gebiete weitgehend an Israel angebunden. Sie wurden mit israelischen Waren überschwemmt, viele palästinensische Tagelöhner begannen in Israel zu arbeiten. Auch infrastrukturell wurden die Gebiete an Israel angeschlossen. Die Wasserressourcen der Westbank wurden israelischer Kontrolle unterstellt, die den Verbrauch für Palästinenser zugunsten des israelischen Bedarfs scharf einschränkte. Unter den verschiedensten Maßgaben und Vorwänden wurde der größte Teil des palästinensischen Landes enteignet, beschlagnahmt oder auf andere Weise palästinensischer Nutzung entzogen.

In großem Umfang wurden israelische Zivilisten in den besetzten Gebieten, besonders massenhaft in der Westbank, angesiedelt. Die jüdische Besiedlung »feindlichen« oder »fremden« Territoriums als Mittel, das sich bei der Absteckung des Claims »Palästina« im Vorfeld der Staatsgründung so bewährt hatte, wurde reaktiviert, der Zionismus als expansionistische Siedlungsbewegung, der vielen in Israel schon als tot erschienen war, wurde wiederbelebt. Zuerst langsam beginnend, nahm die Besiedlung um die Mitte der Siebzigerjahre Fahrt auf und ist seitdem stetig weitergegangen. Heute gibt es in der Westbank, abgesehen von den Bewohnern der jüdischen Vorstädte Jerusalems, die ebenfalls auf Westbankgebiet liegen, etwa eine viertel Million jüdische Siedler. Praktisch alle Staaten der Welt – einschließlich der USA! – haben diese Siedlungsbewegung als fla-

Siedlungspolitik

granten Bruch des Völkerrechts verurteilt. In der Tat verbietet die Genfer Konvention die Besiedlung militärisch besetzten Landes mit der Zivilbevölkerung des besetzenden Landes. Auch in weiten Teilen der israelischen Gesellschaft sind die Siedler unpopulär. Alles das hat die stets weitergehende Besiedlung nicht stoppen, ja nicht einmal verlangsamen können.

> **Während des sogenannten Friedensprozesses ging die Siedlungstätigkeit in unvermindertem Tempo weiter – auch unter den Regierungen Yitzhak Rabins und Ehud Baraks, die doch als so kompromissbereit galten. Israel hielt die Siedlungen wohlweislich aus den Bestimmungen des Oslo-Vertrags für die Interimsphase einer friedlichen Regelung mit den Palästinensern heraus, verpflichtete sich also in dieser Hinsicht zu nichts. Es wurde dann bis 2005 auch nicht die kleinste Siedlung abgebaut.**

Libanonkrieg 1982

Gegen Ende der Siebzigerjahre war völlig klar, dass die Palästinenser der besetzten Gebiete sich von der Besatzung nicht vereinnahmen ließen. Soweit sie ihren politischen Willen überhaupt ausdrücken konnten, hatten sie sich klar für die PLO als ihre Vertretung ausgesprochen; die israelischen Versuche, ihnen »Autonomie« aufzunötigen, waren gescheitert. In der Absicht, die PLO als Kristallisationspunkt palästinensischer Identität zu zerstören, das Gleichgewicht im Libanon zugunsten der maronitischen Rechten zu verändern und die Konstellation im Nahen Osten grundlegend umzugestalten, plante der damalige israelische Verteidigungsminister Ariel Scharon eine groß angelegte Intervention im Libanon, die er unter Täuschung des Parlaments und eines Teils der Regierung dann auch durchführen ließ. Offizieller Grund waren palästinensische Aktionen vom Boden des Libanon aus, obwohl es bereits seit knapp einem Jahr einen Waffenstillstand gab, der auch tatsächlich hielt.

Der Krieg begann am 5. Juni 1982; die israelische Arme besetzte das Land etwa bis zur Höhe von Beirut und zog dann auch in der Stadt selber ein, obwohl das nicht Bestandteil des ursprünglichen Plans war. Besonders zerstörerisch war die langdauernde Beschießung Beiruts und anderer Plätze aus der Luft, vom Land und von der See. Die Intervention forderte etwa 17 500 palästinensische und libanesische Todesopfer, die Meisten Zivilisten. Unter der israelischen Besatzung fand Mitte September 1982 das Massaker in den palästinensischen Lagern Sabra und Schatila statt, das von libanesischen Milizen verübt wurde, für das aber die israelische Armee mindestens indirekte Verantwortung trägt. Das wurde auch von einer israelischen Untersuchungskommission bestätigt. Es folgte eine längere Besatzung von Teilen des Libanon, die erst im Mai 2000 als zu verlustreich aufgegeben wurde. Ein unter großen Opfern im Libanon geführter Krieg stellte sich also letzten Endes als auch unter der offiziellen israelischen Perspektive völlig sinnlos heraus.

Alle jüdischen Siedler in der Westbank haben enorme Privilegien gegenüber den Palästinensern, die Minderheit der fanatischen Groß-Israel-Befürworter unter ihnen verhält sich – unter dem Schutz der Armee! – höchst aggressiv ihnen gegenüber. In Hebron, wo etwa fünfhundert Siedler im Zentrum der Stadt wohnen, wird das besonders deutlich. Die Existenz der Siedlungen ist das wichtigste Hindernis für eine mögliche Regelung, die ja einen israelischen Rückzug aus den 1967 besetzten Gebieten erfordern würde. Also sind Siedler und Siedlungen für die Palästinenser der hassenswerteste Aspekt der Besatzung; dass die Besiedlung unvermindert anhält, ist ihnen der klarste Beweis für den israelischen Unwillen zum Kompromiss.

Die Besatzung war und ist auch mit gravierenden Menschenrechtsverletzungen verbunden, manche davon gezielt, viele flächendeckend. Wenn sie überhaupt wahrgenommen und thematisiert werden, rechtfertigt man sie von israelischer Seite oft mit Sicherheitserwägungen. Manche haben auch tatsächlich etwas mit Sicherheit zu tun – es ist klar und nachvollziehbar, dass Israel terroristische Akte zu verhindern versucht. Allerdings wird »Sicherheit« in Israel gewohnheitsmäßig sehr breit verstanden. So haben die Besatzungsbehörden, als sie noch direkt die Gebiete verwalteten, nicht nur terroristische Akte und bewaffneten Widerstand hart unterdrückt, sondern jede politische Betätigung im Keim erstickt, Versuche dazu oft drakonisch bestraft. Und viele Menschenrechtsverletzungen können auch bei noch so großzügiger Auslegung nicht mit Sicherheitserwägungen in Verbindung gebracht werden.

Die meisten Arten von Menschenrechtsverletzungen gab es vom Beginn der Besatzung an; besonders massiv wurden sie, wenn die Bevölkerung die Besatzung massenhaft in Frage stellte, wie etwa in der ersten und der zweiten Intifada. Es handelte sich um ein großes Bündel von Maßnahmen, die nicht vereinzelt, sondern massiv und systematisch angewandt wurden: unnötiges und unverhältnismäßiges Einsetzen tödlicher Gewalt durch die Armee; gezielte Tötungen gesuchter Personen; massenhafte, u. a. absichtliche, Verletzung von Menschen; willkürliche Festnahmen; Misshandlung von Gefangenen; Folter bei Verhören, bis hin zu Folter mit Todesfolge; Inhaftierung ohne gerichtliches Verfahren (sog. Administrativhaft); häufige und langdauernde Ausgangssperren; Einschränkung der Bewegungsfreiheit für bestimmte Personen (Hausarrest, Stadtarrest, Verbot, ein bestimmtes Gebiet zu betreten, Ausreiseverbot usw.); Zwangsexilierungen; Zerstörung bzw. Schließung von Häusern oder Wohnungen; Zerstörung von Ernten oder Plantagen; gewaltsames Eintreiben von Steuern; Schließung von Erziehungsinstitutionen für längere Perioden; Behinderung der Religionsausübung; Verhinderung von Familienzusammenführungen.

Die meisten dieser Praktiken waren keine Entgleisungen oder Ausnahmen von der Regel, sondern stellten insofern die Regel dar, als sie einer

klaren Politik entsprangen, deren Linien allerdings selten offen ausgesprochen wurden. Über
die Durchsetzung exzessiv verstandener Sicher-
heitsrücksichten hinaus handelte es sich ganz
offensichtlich um den Versuch, jede Opposition
im Keim zu ersticken und den Palästinensern das
Leben unter der Besatzung so unerträglich zu
machen, dass sie das Land verließen, wo auch
immer es möglich war.

Der Oslo-Prozess

»Die Palästinenser waren doch nur Terroristen«

Die erste Intifada

Alles das lässt sich nur verstehen, wenn man die Grundabsicht der Behörden in Betracht zieht: möglichst viel Land in Besitz zu nehmen und zu behalten, ohne dass sich die palästinensische Bevölkerung dabei störend bemerkbar macht. Angesichts dieser Politik lehnten die Palästinenser die Besatzung zwar klar ab, leisteten aber zunächst wenig konkreten Widerstand. Anfänglicher bewaffneter Widerstand wurde schnell zerschlagen. Die politischen Organisationen, meist im Untergrund, solidarisierten sich mit der PLO und forderten das Ende der Besatzung. Erst mit der langen Dauer der Besatzung und ihrem immer spürbarer werdenden Druck lehnten sich viele Palästinenser auch praktisch gegen sie auf, am spektakulärsten und nachhaltigsten in der (ersten) Intifada (1987–92).

Die Intifada (1987–1992)

Diese war eine massenhafte Protestbewegung, in der die Palästinenser der besetzten Gebiete ihren Willen, mit der israelischen Besatzung zu bre-

Eine neue Qualität

chen, deutlich und lautstark ausdrückten. Das war auch schon vorher geschehen; das Neue an der Intifada war aber, dass mit ihr gleichsam die kritische Masse überschritten wurde. Sie erfasste praktisch die ganze Bevölkerung, sie ebbte nicht so schnell wieder ab wie frühere Protestwellen und es gelang, ihr organisatorische Kontinuität zu geben. Die bestehenden politischen Organisationen machten die Intifada zu ihrer Sache, innerhalb wie außerhalb dieser Organisationen war eine breite Basis von Aktivisten einer neuen Generation herangewachsen und mit den Volkskomitees wurde eine geeignete Form zur Heranziehung auch der nicht politisch organisierten Mehrheit der Bevölkerung gefunden. Die Intifada verzichtete bewusst auf den Einsatz tödlicher Waffen.

Auswirkungen der Intifada Die Anfangserfolge der Intifada waren beträchtlich. Jordanien gab seine Verantwortung für die Westbank auf; die israelische Militärverwaltung, die Armee und die gesamte israelische Öffentlichkeit wurden zutiefst verunsichert; und es gab eine vorher nie gekannte Aufmerksamkeit der Weltöffentlichkeit für palästinensische Belange, und zwar in ihrer wirklichen Dimension, weitab von dem bis dahin verbreiteten Bild von den Palästinensern als Terroristen oder wehrlosen Opfern von Unterdrückung. Die Intifada veränderte auch das Verhältnis von »Innen« und »Außen« in der palästinensischen Bewegung. Die Bevölkerung und die politischen Kräfte der besetzten Gebiete »innen« hatten sich bis dahin weitgehend an den »außen« von der PLO-Führung gegebenen Direktiven orientiert. Nun ging die Initiative tendentiell auf sie selbst über. Sie konnten der PLO-Führung größere Klarheit in der Festlegung auf die Zwei-Staaten-Regelung aufnötigen. Das führte zu dem Beschluss von Algier im November 1988.

Allerdings war die israelische Regierung eisern entschlossen, sich von der Kontrolle über die besetzten Gebiete nichts nehmen zu lassen. In einer Kombination von brutaler Unterdrückung mit den verschiedensten Mitteln und rigoroser Kontrollpolitik gelang es ihr, ihre Herrschaft wieder zu konsolidieren. Allerdings war jetzt jeder Anschein von Normalität der Besatzung zerstört; diese war nun unmittelbarer als die brutale Militärherrschaft zu erkennen, die sie immer gewesen war.

Niederschlagung der Intifada

»Die israelische Armee war zum Rückzug bereit«

Der Oslo-Prozess und sein Scheitern

Ein Durchbruch

Nach dem zweiten Golfkrieg sahen sich die USA genötigt, etwas zur Regelung des Palästina-konflikts zu tun. Sie schafften es auch, zusammen mit anderen Akteuren die Nahost-Friedenskonferenz von Madrid (Oktober/November 1991) einzuberufen, an der auch Israel und eine palästinensische Delegation teilnahmen, wenn auch unter offizieller Umgehung der PLO (de facto waren die palästinensischen Delegierten ständig mit ihr im Benehmen, was alle Beteiligten wussten). Die in Madrid eingeleiteten Verhandlungen blieben aber ohne Ergebnis. Die Kluft zwischen den Positionen der beiden Parteien umfasste nach wie vor die ganze territoriale

Rabin, Clinton und Arafat am 13. September 1993

Breite der besetzten Gebiete: Die Palästinenser bestanden auf einem vollständigen israelischen Rückzug auf die Grenzen vom 4. Juni 1967, Israel war nicht bereit, sich aus irgendeinem Teil der

Gebiete zurückzuziehen. Dann kam – für viele überraschend – der Durchbruch von Oslo. In Geheimverhandlungen hatte sich Israel mit der PLO-Führung auf einen Friedensprozess mit einer Interimslösung geeinigt.

Warum dieser Sinneswandel Israels, das sich doch bis dahin jedem territorialen Kompromiss verweigert und es abgelehnt hatte, mit der PLO zu verhandeln (Kontakte mit der PLO waren bis Anfang 1993 in Israel ein Straftatbestand)? Teilweise reagierte Israel mit seinem Einschwenken wohl auf den internationalen Druck, überhaupt einer Regelung näherzukommen. Weiter hatte sich in den Verhandlungen mit der PLO-Führung herausgestellt, dass diese in ihrer prekären Situation nach dem Golfkrieg, in dem Arafat sich auf die Seite Saddam Husains gestellt hatte, bereit war, sich auf einen Prozess einzulassen, bei dem ein palästinensischer Staat zu akzeptablen Bedingungen nicht von vornherein garantiert war, und dass man ihr die Rolle des Verwalters der palästinensischen Bevölkerung unter letztlich immer noch israelischer Kontrolle anvertrauen konnte. Die PLO-Führung ihrerseits war voller Hoffnung im Hinblick auf die Dynamik des Prozesses und versäumte es, die Einzelheiten der Vereinbarungen hart zu verhandeln. Sie bestand nicht einmal darauf, den Siedlungsstopp in die Vereinbarungen aufzunehmen.

Gründe des Umdenkens

Die vorherige Kluft zwischen den beiden Positionen sollte in den Oslo-Vereinbarungen überbrückt werden, indem man die zwischen beiden Parteien strittigen Problemfelder einteilte in solche, die

Hierarchie der Problemfelder

kurzfristig lösbar schienen, und solche, die das nicht waren. Die ersteren sollten in einer Interimsperiode angegangen werden, die Regelung der zweiten wurde aufgeschoben und den Verhandlungen über einen endgültigen Status vorbehalten. Die Interimsphase sollte fünf Jahre dauern.

Die Vereinbarungen

Konkret sah die Interimslösung einen Rückzug der israelischen Armee aus einem zunächst kleinen Teil der besetzten Gebiete (Gazastreifen und das Gebiet um Jericho) und einen phasenweisen weiteren Rückzug möglichst aus allen dicht bevölkerten Gegenden vor. Eine zunächst zwischen beiden Seiten vereinbarte, dann von der palästinensischen Bevölkerung der besetzten Gebiete einschließlich Ostjerusalems zu wählende Behörde (die Palästinensische Autorität oder PA) sollte schrittweise die zivilen Kompetenzbereiche und die unmittelbare Sicherheitsverantwortung in den betreffenden Gebieten übernehmen.

Die Verantwortung für Außenbeziehungen, äußere Sicherheit, Sicherheit und öffentliche Ordnung in den jüdischen Siedlungen und für Israelis behielt sich Israel hier und in allen Folgevereinbarungen ausdrücklich selbst vor. Die Komplexe Jerusalem, Flüchtlinge, Siedlungen, Sicherheitsarrangements, Grenzen, Außenbeziehungen »und andere Fragen von gemeinsamem Interesse« wurden den Verhandlungen über den endgültigen Status vorbehalten.

Eine Win-win-Situation?

Es handelte sich bei dieser Vereinbarung um einen Deal, bei dem jede der beiden Seiten etwas erhielt bzw. zu erhalten hoffte: Israel erhielt die Beseitigung des letzten Hindernisses für seine Akzeptierung in der Region. Das palästinensische Veto gegen eine Normalisierung des Verhältnisses der Araber mit Israel fiel jetzt weg. Die Palästinenser erhielten die Anerkennung der PLO und den Verzicht Israels auf die direkte Kontrolle über einen Teil der besetzten Gebiete – mit der Aussicht auf Weiteres.

Über diese unmittelbaren Vorteile hinaus wollten beide Seiten mit ihrem Sicheinlassen auf Oslo natürlich noch mehr erreichen. Die Palästinenser wollten Unabhängigkeit und einen eigenen Staat in allen oder fast allen 1967 besetzten Gebieten; Israel glaubte wohl, die palästinensischen Bedürfnisse befriedigen zu können, ohne die letztliche Kontrolle über die Gebiete und ohne die meisten Siedlungen preisgeben zu müssen.

Die Hoffnungen, die viele Beteiligte und Beobachter an die Vereinbarungen von Oslo knüpften, beruhten auf der Erwartung, dass mit der Umsetzung der Interimslösung, begleitet von »vertrauensbildenden Maßnahmen«, das Klima derart verbessert würde, dass man auch die schwierigeren Probleme erfolgreich würde angehen können. Bekanntlich ist es ganz anders gekommen. Es gab enorme Verzögerungen bei der Umsetzung der Interimsmaßnahmen, vor allem bei dem phasenweisen Rückzug der Armee, was – vom israelischen Standpunkt aus folgerichtig – mit deren Aufgabe des Schutzes der jüdischen Siedlungen begründet wurde. Das weist auf eines

Die Umsetzung

der wichtigsten Probleme des Oslo-Prozesses: das unverminderte Fortbestehen der jüdischen Siedlungen. Seit 1993 wurde bis zum August 2005 nicht die kleinste noch so exponiert gelegene Siedlung aufgegeben; vielmehr ging der Siedlungsprozess ungebremst weiter – in der Westbank bis heute. Es ist allerdings richtig, dass in den Vereinbarungen auch keine Verpflichtung zum Abbau oder auch nur zum Stopp des Siedlungsbaus enthalten ist – was wieder auf ihren problematischen Charakter hindeutet.

Negative Folgen Aus einem Teil der besetzten Gebiete zog sich die israelische Armee tatsächlich zurück; das verringerte die Häufigkeit von gewaltsamen Zusammenstößen. In diese Gebiete – im Wesentlichen die größeren Städte – kehrte eine gewisse Normalität ein. Ansonsten brachte der Oslo-Prozess vornehmlich negative Folgen für die Palästinenser mit sich. Da sind die weitgehende Abriegelung der Gebiete von Israel – für Palästinenser wohlgemerkt; für die Siedler bleibt die Grüne Linie durchlässig – und weitere Einschränkungen der Bewegungsfreiheit auch zwischen palästinensischen Regionen durch den massiven Bau von Umgehungsstraßen für die Siedler und den Ausbau bestehender Siedlungen, darunter sehr symbolträchtiger wie Har Homa, das die letzte noch bestehende Lücke im Ring jüdischer Vorortsiedlungen um Ostjerusalem schließen soll. Alles das war sehr schmerzlich für die Palästinenser und ließ ihnen den Oslo-Prozess in bedenklichem Licht erscheinen. Und auch im alltäglichen, routinemäßigen Verhalten Israels gegenüber den Palästinensern veränderte sich gegenüber dem verächtlich-schikanösen Muster aus der Zeit vor Oslo allzu wenig. Wo die Armee weiterhin mit Palästinensern in Kontakt kam, war der alte, allzu rasche Schusswaffengebrauch, war dieselbe Behandlung der Bevölkerung festzustellen wie früher. Weiterhin waren die israelisch-palästinensischen Nahtstellen von Menschenrechtsverletzungen gekennzeichnet.

Die Regierung Rabin, die ja die Oslo-Vereinbarungen mit der PLO ausgehandelt hatte, war wohl bei aller Inkonsequenz tatsächlich an einem friedlichen Ausgleich interessiert und auch bereit, dafür Konzessionen zu machen. Da war es tragisch, dass Yitzhak Rabin im November 1995 von einem rechtsextremistischen Studenten ermordet wurde. Sein Nachfolger ließ es an der nötigen Konsequenz vermissen. Die daraufhin gewählte Regierung Netanyahu (1996–99) legte den Oslo-Prozess weitgehend auf Eis; auch die ihr nachfolgende Regierung Barak musste durch kräftigen Druck dazu gebracht werden, wenigstens ihre Verpflichtungen aus dem Interimsabkommen anzuerkennen, bevor man zu den Endstatusverhandlungen überging. Kurz: Statt zu einem kooperativen Verhalten überzugehen, das für einen Erfolg des Oslo-Prozesses dringend notwendig gewesen wäre, setzte Israel die alten Verhaltensmuster fort. Auch auf der palästinensischen Seite gab es Haltungen und Verhaltensweisen, die den Konflikt verschärften – am spektakulärsten die Selbstmordattentate in Israel und der Beifall, den sie von manchmal bedeutenden Teilen der Bevölkerung erhielten. Die

Oslo-Prozess frisst sich fest

Hauptverantwortung für das Scheitern des Prozesses liegt aber bei Israel, das sich von vornherein in den Vereinbarungen zu wenig definitiven Schritten verpflichtet hatte, diese Verpflichtungen äußerst zögernd umsetzte und seine gewaltbetonte, verächtliche und schikanöse Behandlung der Palästinenser unverändert fortsetzte.

Verlust der Glaubwürdigkeit

Die von der PLO gestellte PA bemühte sich über weite Strecken, die ihr von Israel gestellte Aufgabe der Beruhigung der Bevölkerung und der Bekämpfung grundsätzlicher Opposition gegen den Prozess zu erfüllen. Mit dem Verschwinden jeder Aussicht auf ein Ende der Besatzung, mit der die PA den Leuten den Oslo-Prozess schmackhaft gemacht hatte, wurde sie zunehmend unglaubwürdig. Dafür war wesentlich Israel verantwortlich, das den Palästinensern die Verschlechterung ihrer Lage und ihrer Perspektiven zumutete, aber gleichzeitig von der PA deren Ruhigstellung verlangte. Das verschaffte denen Kredit, die den Prozess von vornherein abgelehnt hatten, vor allem also Hamas. Dessen Gewaltaktionen dienten dann wieder Israel zur Rechtfertigung seiner intransigenten Politik und Haltung.

So entstand bei den Palästinensern eine Stimmung enormer Hoffnungslosigkeit und Frustration. Ihre zu Beginn des Prozesses zeitweise überwältigende Zustimmung zu ihm bröckelte stark ab. Dieser Umstand, und nicht irgendwelche Pläne oder Anweisungen von Arafat, wie oft kolportiert, war für den Ausbruch der zweiten Intifada Ende September 2000 verantwortlich.

»Hamas ist eine Kreatur Israels«

Entwicklung einer islamistischen Bewegung

Hamas wird oft als terroristische Organisation gesehen, die sich aufgrund ihrer Ideologie gegen Israel bzw. gegen die Juden schlechthin wendet und deren Äußerungen und Aktionen dadurch zu erklären sind. Dieses Bild ist falsch. Man muss Hamas, seine Entstehung, seine Entwicklung und seine Aktionsformen vor dem Hintergrund der Situation in den besetzten Gebieten sehen, wenn man es richtig verstehen will.

Eine islamistische Organisation

Hamas ist die wichtigste islamistische Organisation in Palästina, in seiner Ideologie und seinem Charakter vergleichbar mit anderen Islamisten, die es heute überall gibt, wo Muslime in nennenswerter Zahl leben. Es ist aus den palästinensischen Muslimbrüdern (MB) hervorgegangen, die in Westbank und Gazastreifen schon vor 1967, aber auch unter der israelischen Besatzung seit 1967 präsent und aktiv waren. Bereits die MB hatten – wie heute auch Hamas – eine ausgesprochen antiisraelische, ja rabiat antijüdische Ideologie. Sie unternahmen aber in offensichtlichem Kontrast dazu bis Ende 1987 absolut nichts gegen die israelische Besatzung. Vielmehr versuchten sie, sich auf verschiedene Weise (Predigt, Sozialarbeit) möglichst stark in der palästinensischen Gesellschaft zu verankern, und gerieten dabei in – manchmal gewaltsamen – Konflikt mit den Nationalisten der PLO. Israel honorierte dieses Verhalten, das ihm gelegen kam, indem es die MB seinerseits völlig in Ruhe ließ – ganz im Gegensatz zu den Nationalisten, die es sehr hart unterdrückte.

Eine Umgründung der Muslimbrüder

Einen Umschwung gab es erst in der (ersten) Intifada. Da waren die Palästinenser so sehr nationalistisch mobilisiert, da war ihr Enthusiasmus so groß, dass auch die MB nicht beiseite stehen konnten, wenn sie ihren Ruf nicht ganz verlieren wollten. Sie wurden wohl auch durch ihr Sympathisantenumfeld, das von der Mobilisierung erfasst wurde, mitgerissen. Sie klinkten sich Anfang 1988 in die Intifada ein und gaben sich auch einen neuen Namen: »Hamas«, die Abkürzung für »Islamische Widerstandsorganisation«. Seitdem nahm Hamas an Widerstandsaktivitäten teil und passte auch seine Programmatik in gewissem Maß der nationalistisch aufgeladenen Atmosphäre an, stand aber nach wie vor in Konkurrenz zu den nationalistischen Organisationen. Nun wurde es auch wie diese von der israelischen Unterdrückung betroffen.

Reaktion auf Oslo

Ein neuer Umschwung ergab sich mit der Vereinbarung von Oslo, bei der sich ja das Gros der palästinensischen Nationalisten mit Israel auf eine friedliche Konfliktbeilegung einigte. Diese Gruppen beendeten nun ihre Widerstandsaktivitäten, während Hamas die Gelegenheit ergriff, sich durch seine Ablehnung der Vereinbarung als Fundamentalopposition zu profilieren, und die Fortsetzung des Widerstands propagierte und betrieb. Solange die Bevölkerung ihre Hoffnung auf den Oslo-Prozess setzte, brachte ihm das nicht viel; je mehr aber diese Hoffnung enttäuscht wurde, umso stärker konnte Hamas davon profitieren. Überdies gab die PA durch allzu großes Entgegenkommen gegenüber Israel, durch Korruptheit und weithin bewiesene Unfähigkeit Grund zur Kritik. Auch davon profitierte Hamas.

Das in seinem Manifest, der berüchtigten »Charta« von 1988, erklärte Ziel von Hamas ist die Beseitigung Israels. Was es tatsächlich tut, weist auf seine kürzerfristigen Absichten hin – in erster Linie die Erweiterung seines Einflusses und die Beteiligung an der Macht in der eigenen Gesellschaft. Dem dient seine soziale und politische Arbeit zur Pflege und Erweiterung der eigenen Klientel. Dem dienen aber auch seine Aktionen gegen Israel. Es beteiligte sich an den Widerstandsaktionen seit Ausbruch der zweiten Intifada, es spricht bei der antiisraelischen Propaganda eine besonders mörderische Sprache, und es führt Aktionen gegen die israelische Zivilbevölkerung durch. Sie dienen allem Anschein nach nicht nur zur Demoralisierung der israelischen, sondern auch zur Beeindruckung der palästinensischen Bevölkerung.

»Charta« und reales Verhalten

Hamas ist keine Kreatur Israels, wie gelegentlich behauptet wird. Die israelische Besatzungspolitik hat aber in doppelter Hinsicht die Voraussetzungen geschaffen, die Hamas zu seiner heutigen Statur verholfen haben. Sie hat die Organisation bzw. ihre Vorläufer gewähren lassen, als ihre Konkurrenten heftig unterdrückt wurden; und

Gründe der Popularität

sie hat durch die fortgesetzte Einzwängung und Unterdrückung der palästinensischen Gesellschaft und durch die gewaltbetont-verächtliche Behandlung der Bevölkerung einen derartigen Hass auf die Besatzung genährt, dass man umso mehr Zustimmung ernten kann, je kompromissloser und gewaltsamer man gegen Israel vorgeht.

> **Weder der Irredentismus noch die terroristischen Aktionen sind Hamas eigentümlich – beides wurde auch von anderen Organisationen vertreten bzw. getan. Es hat sich nur als die bestorganisierte und populärste der oppositionellen Gruppen herauskristallisiert – wegen seines sozialen Engagements, seiner relativen Effizienz und sicherlich auch, weil es seinen islamischen Charakter hervorkehrt und eine verunsicherte Bevölkerung gern bei der Religion ihre Zuflucht sucht.**

Boykott oder Einbindung? Charakter und Vorgehensweise von Hamas folgen also nicht ungebrochen aus seiner Ideologie, sondern sind eher aus der Dynamik des Konflikts bzw. der Besatzungspolitik zu erklären. Die Charta von Hamas ruft zur Beseitigung Israels auf. Sie ist offiziell immer noch gültig. Verantwortliche Hamas-Führer haben aber wiederholt erklärt, die Organisation werde sich für den Fall eines israelischen Rückzugs zu einem sehr langen Waffenstillstand bereitfinden, de facto also zur Koexistenz mit Israel. Die Erfahrung lehrt, dass man sich auf Versprechungen von Hamas verlassen kann. Seit einem Waffenstillstand vom

März 2005 hat es keine Selbstmordanschläge in Israel mehr verübt, und während des Waffenstillstands von Juni bis November 2008 auch praktisch keine Raketen nach Israel geschossen. Die israelische Weigerung, mit Hamas in Verhandlungen einzutreten, und die Politik der westlichen Staaten, die ihm hierin folgen, sind sehr kurzsichtig.

Hamas vertritt einen beträchtlichen Teil der palästinensischen Bevölkerung, sollte also bei jedem Regelungsversuch einbezogen werden. Bei alldem ist es freilich nicht erhaben über Kritik. Seine terroristischen Aktionen, sein heilsgeschichtlich begründeter Irredentismus und seine militante Sprache sind nicht das einzige oder wichtigste Hindernis bei einer Regelung des Konflikts, haben aber die Suche danach zusätzlich erschwert. Hamas ist wohl weniger korrupt als die PA, sicherlich aber ebenso machtorientiert. Seine brutale Machtergreifung in Gaza im Juni 2007 hat das zur Genüge demonstriert. Hamas hat keine vorwärtsweisende Vision für die Zukunft der palästinensischen Gesellschaft; seine eng islamischen Moralvorstellungen und seine Konzeption von der Rolle der Frau lassen nichts Gutes erwarten, besonders wenn sie brachial durchgesetzt werden sollten. Aber auch unter diesem Aspekt lehrt die Erfahrung mit anderen islamistischen Organisationen, dass sich ihre bedenklichen Tendenzen am ehesten einhegen lassen, wenn man sie am politischen Prozess beteiligt.

»Der Frieden lag zum Greifen nah«

Der Gipfel von Camp David

Drei Fragen-komplexe

Nach dem ursprünglichen Fahrplan von Oslo hätten die Verhandlungen über einen endgültigen Status im Mai 1999 beendet sein sollen. Angesichts der enormen Verzögerungen bei den Interimsmaßnahmen waren aber die Endstatusverhandlungen lange Zeit nicht einmal aufgenommen, geschweige denn ernsthaft geführt worden. Erst die Regierung Barak betrieb sie im Jahr 2000 wieder, nun allerdings mit einem Druck und einer Eile, welche die PLO unvorbereitet trafen. Sie erbat sich mehr Zeit zur Vorbereitung, wurde aber durch amerikanischen Druck dazu gebracht, an den Endstatusverhandlungen im Juli 2000 in Camp David teilzunehmen. Dort wurden drei Fragenkomplexe behandelt: die Regelung der territorialen Fragen zwischen den beiden Seiten (einschließlich der jüdischen Siedlungen in den besetzten Gebieten), die Frage von Jerusalem und die der Flüchtlinge.

Davon ist sicher die territoriale Frage die substantiell wichtigste – wie groß, wie zusammenhängend und wie frei von jüdischen Siedlungen ein zukünftiger palästinensischer Staat ist, das spielt praktisch für die betroffenen Palästinenser die größte Rolle. Aber auch bei den beiden anderen Fragen – die praktisch bei einigem gutem Willen durchaus lösbar sind – kommen sehr empfindliche Punkte ins Spiel. An der Jerusalemfrage kann man den nationalen Konflikt zwischen den beiden Seiten gleichsam religiös aufladen, und die Flüchtlingsfrage berührt das große palästinensische Trauma der *nakba*, der Katastrophe von 1948.

Seit die PA etabliert worden war, trat sie einerseits gegenüber der Bevölkerung als Garantin eines letztendlich zu errichtenden eigenen Staats auf, andererseits war sie vertraglich verbunden mit Israel, das einen solchen Staat verhinderte. Hier bestand eine große Kluft, die nur überbrückt werden konnte, indem man als Endstatus etwas in Aussicht stellte, dem man in der Interimsphase sehr zögerlich oder gar nicht näherkam. Für die Dauer der Interimsphase bis zu den Verhandlungen von Camp David konnte die palästinensische Führung sich mit Hilfe der internationalen Hilfszahlungen und mit Hilfe von Arafats Talent zum politischen Überleben durchwursteln. In dem Augenblick, in dem der Endstatus ernsthaft auf den Tisch kam, musste auch die Stunde der Wahrheit für diese Taktik kommen. Hier musste die PA nun »liefern«, d.h. eine für die Palästinenser akzeptable Regelung erreichen, oder mit einer schweren Erschütterung der eigenen Position rechnen. Es zeigte sich, dass die palästinensische Führung auf diese Herausforderung schlecht vorbereitet war. Nun wurde sie allerdings auch von Israel und den USA ziemlich plötzlich und barsch in eine schwierige Entscheidungssituation gebracht.

Die Rolle der PA

Barak zeigte sich bereit, den Palästinensern den größten Teil der besetzten Gebiete für ihren Staat

Das »Angebot«

zuzugestehen. Der genaue Umfang der davon betroffenen Gebiete wurde in Camp David nicht schriftlich fixiert; man sprach von etwa neunzig Prozent der Westbank, manchmal sogar noch von deutlich mehr. Die dicht jüdisch besiedelten Gebiete sollten von Israel annektiert werden. Außerdem wollte Israel im Jordangraben militärisch präsent bleiben und zu diesem Zweck weiteres Gebiet dort von den Palästinensern langfristig pachten. Jerusalem sollte in seinen von Arabern bewohnten Teilen palästinensisch verwaltet werden, allerdings unter Beibehaltung letztendlicher israelischer Souveränität. Auch der Tempelberg sollte palästinensisch verwaltet werden, jedenfalls auf der Oberfläche – der Untergrund sollte israelisch bleiben. Im Hinblick auf die Flüchtlinge lehnte Barak es ab, irgendwelche Flüchtlinge aus dem Jahr 1948 in den Staat Israel zurückkehren zu lassen – außer in einer sehr begrenzten Zahl von Fällen von Familienzusammenführung. Die übrigen Flüchtlinge sollten entweder mit internationaler Hilfe dort integriert werden, wo sie jetzt waren, oder in den zu gründenden palästinensischen Staat »zurückkehren«.

Die Ablehnung Jeder dieser Punkte war schon einzeln von den Palästinensern schwer zu akzeptieren: Territorial würde die Annexion des dicht jüdisch besiedelten Landes tiefe Keile in die Westbank treiben, sie auf der Höhe von Jerusalem fast ganz entzweischneiden und sie überdies von Ostjerusalem geographisch weitgehend isolieren. Die Vorenthaltung der Souveränität über den Tempelberg war wegen der islamischen Weihe dieses Areals und seines auch nationalistisch begründeten symbolischen Status für die Palästinenser, aber auch für viele andere Araber und Muslime schwer zu schlucken. Und im Hinblick auf die praktische Regelung der Flüchtlingsfrage sind palästinensische Konzessionen durchaus denkbar und auch öfter angedeutet worden, aber die völlige Weigerung Israels, für das Problem Verantwortung zu übernehmen, war ein Affront. Das größte Problem war aber, dass das alles als unaufschnürbares Paket formuliert wurde, das Arafat annehmen sollte und mit dessen Annahme auch die formelle Erklärung der Beendigung des gesamten Konflikts verbunden sein sollte. Arafat hatte angesichts der Tatsache, dass es sich in Camp David um Endstatusverhandlungen handelte und dass Barak so ultimativ auftrat, den Eindruck, dass er niemals bekommen würde, was er hier nicht erhielt, und lehnte vor diesem Hintergrund die Vorschläge Baraks ab. Damit war der Gipfel von Camp David gescheitert.

War Arafats Ablehnung des Angebots von Camp David ein Fehler? Angesichts der Substanz des Angebots und der Art seiner Unterbreitung – ein Versuch, Arafat über den Tisch zu ziehen, an dem sich auch Bill Clinton beteiligte – erscheint die Ablehnung verständlich. Allerdings hätte es ein verantwortlicher Führer nicht dabei belassen, sondern vielmehr seine Haltung erklären, Alternativvorschläge machen und Desiderate aufzeigen sollen. Es gab ja später noch Vorschläge von

Ein historischer Fehler?

Bill Clinton, ja durchaus auch Verhandlungen in Taba, die in eine bessere Richtung gingen als in Camp David, allerdings dann wegen der bevorstehenden israelischen Wahlen abgebrochen wurden. Dass Arafat hier auf Initiativen verzichtete und sich eher passiv verhielt, war sicher ein schweres Versäumnis.

»Die Selbstmordattentate fanden unter den Palästinensern großen Beifall«

Die Al-Aqsa-Intifada

Ende September 2000 brach in den besetzten Gebieten eine zweite »Intifada« aus, die man dann auch Al-Aqsa-Intifada nannte (al-Aqsa ist der arabische Name für den Tempelberg in Jerusalem, wo die Ereignisse ausgelöst wurden). Der unmittelbare Anlass war ein Besuch des damaligen Oppositionsführers Ariel Scharon mit großem Polizeiaufgebot auf dem Tempelberg. Die Armee unterdrückte die palästinensischen Proteste sehr hart, es gab zahlreiche Todesopfer, und das löste eine noch größere Protestwelle aus. Der Besuch von Scharon war aber nur der Auslöser; Grund für die Unruhen war die akkumulierte Frustration und Enttäuschung der Palästinenser über ihre Lage und Perspektivlosigkeit, unterstrichen durch das Scheitern des Camp-David-Gipfels im Juli 2000.

Grund und Anlass

Die zweite Intifada war mit der ersten kaum zu vergleichen. Die erste war eine heftige, massenhafte Protestbewegung unter Einbezug aller Schichten der Bevölkerung gewesen, die auf tödliche Waffen bewusst verzichtet und sich trotz der brutalen Unterdrückungsmaßnahmen der Armee sehr lange gehalten hatte. Sie hatte auch eine wohlorganisierte Struktur und Führung mit klarer strategischer Vision gehabt. Die zweite Intifada fand nur an bestimmten Saumstellen zwischen den besetzten Gebieten und Israel statt,

Charakter der neuen Intifada

wurde vor allem von aufgebrachten jungen Leuten getragen und ließ sich angesichts der überharten Reaktion der Armee und der großen Zahl von getöteten Palästinensern schnell in eine fatale Militarisierung hineindrängen, ohne doch der Armee, die sich auf diesen neuen Ausbruch sorgfältig vorbereitet hatte, irgendetwas anhaben zu können. Über eine klare Führung und Strategie schien sie nicht zu verfügen. Die PA, die doch die Führung beanspruchte, war ganz hilflos. Angesichts der Wut der Leute konnte sie sich nicht leisten, gegen die Intifada aufzutreten; angesichts ihres Bündnisses mit Israel auch nicht mitmachen. Dass Arafat die Intifada vorbereitet und ausgelöst hat, wie es oft hieß, gehört ins Reich der Fabel. Allerdings glaubte er wohl, sie könne eine internationale Intervention und Druck auf Israel zur Folge haben, woraus er dann im Sinne der palästinensischen Sache Profit ziehen könne.

Selbstmord-
anschläge
Die spektakulärste Kampfform der Intifada wurden die Selbstmordattentate in Israel, die angesichts des Leidensdrucks der Palästinenser oft Zustimmung fanden, aber menschlich fatal waren und ihnen auch politisch schadeten. Das wurde auch bald gesehen; viele Palästinenser forderten ein Ende dieser Anschläge, aber es war ohne eine klare Führung und bei der Konkurrenz verschiedener Gruppen (vor allem zwischen Hamas und den Al-Aqsa-Brigaden, locker organisierten Gruppen, die Fath nahestehen) schwer, sie zu beenden. Das geschah aber schließlich im März 2005 durch einen von dem palästinensischen Präsidenten Mahmud Abbas ausgehandelten Waffenstillstand.

Im März 2001 trat der neu gewählte israelische Premier Ariel Scharon sein Amt an. Er verdankte seine Wahl (mehr als sechzig Prozent der Stimmen!) wohl seinem Image als rücksichtsloser Machtpolitiker, der versprach, die Intifada bald zu beenden. Scharon war während seiner ganzen militärischen Karriere als »Mann fürs Grobe« aufgetreten, hatte mehrere Massaker an Palästinensern und Libanesen auf seinem Gewissen, hatte mit brutalsten Maßnahmen Anfang der Siebzigerjahre den Gazastreifen »pazifiziert« und den Libanonkrieg 1982 betrieben. Er war auch der Architekt der massiven jüdischen Besiedlung vor allem der Westbank gewesen, die er so plante, dass jeder nennenswerte israelische Rückzug unmöglich werden sollte. Nun setzte er sich die Aufgabe, möglichst viele der Siedlungen zu retten und gleichzeitig die Palästinenser dazu zu bringen, einen territorial enorm dezimierten Staat (in seinen Vorstellungen etwa die Hälfte der Westbank) zu akzeptieren. Das erschien auch geboten, weil die internationale Gemeinschaft einschließlich der USA auf eine Zwei-Staaten-Regelung drang.

Ariel Scharon

Scharon spielte zunächst auf Zeit. Er machte Gespräche mit den Palästinensern vom Einkehren völliger Ruhe für mindestens sieben Tage abhängig – ein Fall, der nach israelischer Lesart nie eintrat. Wenn es für eine Weile ruhig geblieben war, sorgten israelische Provokationen (in der Regel die Ermordung palästinensischer Aktivisten) dafür, dass die betroffenen Organisationen zur

Gezielte Provokationen?

»Vergeltung« terroristische Anschläge verübten. Ein solcher Zusammenhang ist etwa im Fall der Ermordung des Hamas-Führers Mahmud Abu Hunud im November 2001 und des Al-Aqsa-Führers Raed Karmi im Januar 2002 überdeutlich. Dem letzteren Mord folgten mehrere schreckliche Anschläge; daraufhin rückte die israelische Armee in einer äußerst brutalen Kampagne wieder in die autonomen palästinensischen Städte ein und hinterließ in einigen von ihnen furchtbare Zerstörungen, so in der Altstadt von Nablus und im Flüchtlingslager von Dschenin.

Ende März 2002 fand auch eine arabische Gipfelkonferenz in Beirut statt. Sie beschloss u. a. die arabische »Friedensoffensive«, einen Plan des damaligen saudischen Kronprinzen Abdallah, in dem die arabischen Staaten Israel nicht nur Anerkennung und Frieden, sondern sogar die Herstellung »normaler« Beziehungen anboten, wenn es sich aus den 1967 besetzten Gebieten zurückzöge, sich mit einer gerechten Regelung der Flüchtlingsfrage auf der Basis der UN-Resolution 194 bereit erklärte und einem Palästinastaat in Westbank und Gazastreifen zustimmte. Israel reagierte nicht auf diesen Vorstoß.

Ausschaltung Arafats? Scharon ging immer stärker zur politischen Ausschaltung der PA über. Arafat wurde unterstellt, die zweite Intifada geplant und befohlen zu haben, terroristische Akte zu begünstigen, ja sogar zu dem alten palästinensischen Irredentismus zurückzukehren und Israel auslöschen zu wollen. Israel weigerte sich, mit Arafat zu verhandeln, und schloss ihn lange Zeit in seinem Sitz in Ramallah ein. Die westlichen Staaten folgten ihm in dieser Boykottpolitik.

> **Die offizielle Politik des »Nahost-Quartetts« (USA, Russland, EU und UN) folgt seit April 2003 der sogenannten Roadmap, einem Dokument, das einen detaillierten Fahrplan zur Herbeiführung einer Zwei-Staaten-Regelung bis 2005 darstellt und das von den Palästinensern vor allem bedingungslosen Gewaltverzicht und von Israel die Beseitigung aller seit März 2001 errichteten Siedlungen sowie einen völligen Siedlungsstopp verlangt. Obwohl immer wieder von diesem Dokument die Rede ist, hat es vor Ort praktisch nie eine Rolle gespielt.**

Auch nach dem Tod Arafats änderte sich daran nicht viel. Israel ging zu einseitigen Schritten über. Es beschloss den Bau eines Sicherheitszauns (an vielen Stellen eine acht Meter hohe Mauer), der die Westbank von Israel abriegeln und damit dieses vor Selbstmordattentaten schützen sollte. Der Zaun verläuft aber über weite Strecken nicht tatsächlich auf der Grenze, sondern schneidet tief in palästinensisches Gebiet ein, um dort liegende jüdische Siedlungen auf die israelische Seite des Zauns zu bringen. Für den Bau des Zauns wurde weiterer palästinensischer Boden enteignet und wurden viele

Die Mauer

Olivenhaine und andere Kulturen zerstört. Der Zaun stellt eine enorme Belastung für Palästinenser auf beiden Seiten dar, indem es sie zu großen Umwegen zwingt, um auch nur in die Schule zu kommen, Bauern bei der Bearbeitung ihrer Felder behindert und viele Orte, wie z. B. die Stadt Qalqiliya, vollkommen einschließt. Der Internationale Gerichtshof in Den Haag hat 2004 die Völkerrechtswidrigkeit des Zauns festgestellt und empfohlen, ihn genau auf der Grenze zu errichten, wenn er denn unbedingt notwendig sei. Israel folgte dieser Empfehlung nicht.

Westbank, Zaun bei Süd-Hebron

Alte Pläne Die israelische Versicherung, der Zaun solle keine endgültige Regelung präjudizieren, ist wenig glaubwürdig. Sein Verlauf, gekoppelt mit der Absicht, den Jordangraben auf Dauer militärisch besetzt zu halten, entspricht ziemlich genau den schon bald nach der Besetzung ausgesprochenen Plänen für die langfristige Zukunft der besetzten Gebiete. Danach sollte die Westbank territorial reduziert werden, ihr westlicher Teil sowie der Jordangraben dauerhaft israelisch bleiben, ihr dicht arabisch besiedeltes Zentralgebiet aber einer wie auch immer gestalteten arabischen Verwaltung überlassen werden – bei nach wie vor genauer Kontrolle durch Israel. Das folgt dem alten Prinzip, dass man möglichst viel palästinensisches Land nach Israel einbeziehen will, ohne dass sich die arabische Bevölkerung störend bemerkbar macht.

Demselben Prinzip folgt auch die von der Regierung Scharon Ende 2003 verkündete Politik des sogenannten Disengagement. Dabei handelt es sich um den israelischen Rückzug aus dem Gazastreifen (und einem sehr kleinen Gebiet im Norden der Westbank) – unter Räumung der dortigen jüdischen Siedlungen. Diesen Schritt, der im August 2005 dann tatsächlich, und zwar einseitig, vollzogen wurde, stellte Israel als Konzession an die Palästinenser dar, die sich ja nun wenigstens im Gazastreifen ungehindert von israelischer Armee und Siedlern selbst verwalten könnten. Tatsächlich wurde Israel nun auch die letzte Verantwortung für 1,5 Millionen Palästinenser los, musste dafür nur wenige Siedlungen preisgeben und hoffte so, der Druck, sich aus allen besetzten Gebieten zurückzuziehen und wesentlich mehr Siedlungen aufzugeben, werde für lange Zeit geringer werden. Scharons Berater Dov Weisglass bezeichnete diese Politik einmal als das Formaldehyd, in dem man die Verhandlungen mit den Palästinensern konservieren wolle, um nicht durch sie zu bestimmten Konzessionen genötigt zu werden.

»Formaldehyd«

Im Hinblick auf die USA und andere westliche Akteure ging diese Rechnung auf. Zum ersten

Grünes Licht

Mal gestand die US-Regierung Israel ganz offiziell zu, auch bei einer endgültigen Regelung Teile der besetzten Gebiete annektieren zu können (Briefwechsel George Bush/Ariel Scharon, April 2004). Dabei war die Kontrolle über den Gazastreifen keineswegs wirklich aufgegeben. Israel kontrollierte nach wie vor dessen Außengrenzen und die Bewegung seiner Bewohner, flog ständig über den Streifen hinweg, warf Sonarbomben ab und unternahm weiter Angriffe und gezielte Morde, teils aus der Luft, teils zu Land. Ran HaCohen schrieb dazu: »Der Gazastreifen ist genauso ein unabhängiger Staat, wie es irgendeine Gefängniszelle ist: ein hermetisch versiegelter Käfig, überbevölkert mit 1,3 Millionen Menschen; kein Hafen oder Flughafen; keine Kontrolle über seine eigenen Grenzen, Wasserreserven oder den Luftraum; sogar seine Bevölkerungsstatistik, ganz zu schweigen von Wasser, Lebensmitteln, Treibstoff und medizinischer Ausrüstung, sind alle strikt von Israel kontrolliert.«

Die Regierung Ehud Olmert übernahm diese Politik, nachdem Scharon Anfang 2006 einen Schlaganfall erlitten hatte. Die Grundidee der israelischen Politik im Hinblick auf die Palästinenser ist offenbar immer noch die Inbesitznahme (und weitere jüdische Besiedlung) möglichst großer Teile des palästinensischen Territoriums bei Ausgrenzung der palästinensischen Bevölkerung und Minimierung ihres Störpotentials. Dabei hat man sich wohl inzwischen damit abgefunden, dass letzten Endes ein Teil des Territoriums Mandatspalästinas in palästinensische Hände übergeben wird, allerdings ein Teil, der zerstückelt und sicherheitsmäßig völlig unter israelischer Kontrolle sein soll. Dass sich die Palästinenser nicht auf Dauer mit den ihnen in diesem Szenario zugedachten Lebensumständen abfinden werden – diesen Gedanken hat das israelische Establishment, obwohl er durch vielfache Erfahrung erhärtet ist, offenbar noch nicht verinnerlicht.

Seit die PA etabliert worden war, bestand ihr großes Dilemma darin, dass sie einerseits für die Bevölkerung als Garantin eines letztendlich zu errichtenden eigenen Staats auftrat, andererseits aber mit Israel vertraglich verbunden war, das einen solchen Staat mit allen Mitteln zu verhindern suchte. Im November 2004 starb Arafat. Zu seinem Nachfolger als Präsident der PA wurde Mahmud Abbas gewählt, der schon vorher die prekäre Rolle eines Ministerpräsidenten unter dem internationalen Boykott Arafats ausgefüllt hatte. Er bemühte sich um konstruktive Zusammenarbeit mit Israel, aber auch um die Einbeziehung von Hamas, das immerhin einen beträchtlichen Teil der Bevölkerung vertrat. Es gelang ihm auch im März 2005, Hamas in einen Waffenstillstand einzubinden, in dessen Folge die Anschläge gegen israelische Zivilisten praktisch völlig aufhörten. Das wurde von Israel nicht honoriert. Es führte seine Politik der einseitigen Schritte weiter; auch der Abzug aus dem Gazastreifen im August 2005 wurde nicht mit den Palästinensern koordiniert. In der Westbank ging trotz des Teilabzugs der Siedlungsbau ungebremst weiter.

Ein Bruderkrieg

Das schien den Palästinensern zu sagen, dass sich Mäßigung und Kooperationsbereitschaft nicht auszahlen. Im Januar 2006 ergab sich bei den – nach übereinstimmender Einschätzung aller internationalen Beobachter bemerkenswert korrekten! – palästinensischen Parlamentswahlen ein überzeugender Sieg von Hamas. Das lag wohl vor allem an drei Faktoren: an seinem Image der geringeren Korruptheit und größeren Effizienz im Vergleich zu Fath, an seiner konsequenten Oppositionshaltung gegen die Besatzung und an den Erpressungsversuchen Israels und der westlichen Geberländer, die für den Fall eines Hamas-Siegs Repressalien angedroht hatten. Das war voraussehbar nach hinten losgegangen. Dem Wahlsieg folgten gleichwohl neue Erpressungsversuche. Die Regierung, nun unter Führung von Hamas, wurde international sofort isoliert, alle Zahlungen der westlichen Geberländer an sie eingestellt. Zur Versorgung der Bevölkerung, die ja weitgehend auf dieser Unterstützung beruht, wurde ein komplizierter Umgehungsmechanismus geschaffen. Es kam auch zunehmend zu Reibungen zwischen Fath und Hamas, vereinzelt sogar zu bewaffneten Auseinandersetzungen.

> »Das Experiment war erfolgreich: Die Palästinenser bringen sich gegenseitig um. Sie verhalten sich, wie man es am Schluss des ausgedehnten Experiments namens ›Was passiert, wenn du 1,3 Millionen Menschen in einen abgeschlossenen Raum sperrst wie

> Hühner in einen Käfig?‹ erwarten konnte.
> Dies sind die Maßnahmen des Experiments:
> Einkerkern (seit 1991); den Gefangenen die
> üblichen Mittel des Lebensunterhalts neh-
> men; alle Ausgänge zur Außenwelt beinahe
> hermetisch versiegeln; (...) wochenlang
> keine frischen Lebensmittel hineinbringen;
> für Jahre die Einreise von Verwandten, Be-
> rufskollegen, Freunden und anderen verhin-
> dern; (...) Hunderte von Millionen Dollars
> stehlen (nämlich von Israel eingenommene
> Zölle und Steuern, die dem palästinensi-
> schen Schatzamt gehören), um die Zahlung
> der ohnehin niedrigen Gehälter der meisten
> Regierungsangestellten für Monate zu ver-
> hindern; (...) Flugzeuge schicken, um die
> Bevölkerung mit Schallbomben einzu-
> schüchtern; das neue Elektrizitätswerk zer-
> stören und damit die Bewohner des einge-
> schlossenen Streifens zwingen, vier Monate
> lang für die meiste Zeit des Tages ohne
> Strom zu leben.«
> (Amira Hass, Haaretz, 10.4.2006)

Die kurzlebige Einigung von Mekka

Um diesen Bruderkrieg zu beenden und wo-möglich wieder eine repräsentative Regierung zwecks Eintritt in neue Friedensverhandlungen zu schaffen, einigten sich Hamas, Fath und an-dere im Februar 2007 in Mekka auf die Bildung einer Einheitsregierung, die aber keine Chan-cen auf Erfolg hatte. Vielmehr drängten die USA einige Kräfte in Fath dazu, Hamas bewaff-net auszuschalten, und statteten sie dazu mit Waffen und Geld aus. Dies diente Hamas als

Anlass oder Vorwand, nun seinerseits in einer brutalen bewaffneten Aktion im Juni 2007 die Macht im Gazastreifen zu übernehmen und seine Konkurrenten weitgehend auszuschalten. Seitdem sind die besetzten Gebiete nicht nur geographisch, sondern auch politisch voneinander getrennt – der Gazastreifen unter Führung der Hamas-Regierung unter Ismail Haniyeh, die Westbank unter der des Präsidenten Abbas und der von ihm ernannten Notstandsregierung unter Salam Fayad. Es gibt heftiges Gerangel zwischen den beiden Autoritäten; Israel riegelt seit Juni 2007 den Gazastreifen noch rigoroser ab als vorher und reduziert die Lieferung von Elektrizität und lebensnotwendigen Gütern mit einschneidenden Folgen für das Leben dort.

Offiziell macht Israel der Regierung Fayad Zugeständnisse und führt auch wieder Verhandlungen mit ihr, angeblich, um den Palästinensern den Wert politischen Wohlverhaltens nahezulegen. Nur: Bei den Verhandlungen kam trotz der guten Vorsätze auf der Annapolis-Konferenz (November 2007) bisher nichts heraus, und auch die konkreten Verbesserungen für die Bevölkerung, die dort und bei weiteren Gelegenheiten feierlich versprochen worden waren, blieben aus.

Gaza und Westbank Die Unterdrückungspolitik nimmt in den beiden besetzten Gebieten zwar unterschiedliche Formen an, ist aber in beiden Fällen unerträglich hart: Abschließung des Gazastreifens und

Behinderung seiner Versorgung (von Export-
möglichkeiten gar nicht zu reden), die nur so
viel durchlässt, dass es nicht zu krassem Hun-
ger kommt, und Absperrung sowie Atomisie-
rung der Westbank durch den Trennungszaun
(bzw. die Mauer) und durch Hunderte von teils
fest installierten, teils mobilen Straßensperren,
die jede Bewegung innerhalb der Westbank
enorm erschweren und in vielen Fällen – abhängig von der Willkür der Soldaten vor Ort –
ganz verhindern.

Das hat mit Sicherheit nichts zu tun, sondern
ist reine Schikane, die, anders als die gezielten
Unterdrückungsmaßnahmen, die ganze Bevölkerung trifft. Die Logik hinter diesem Vorgehen
ist wohl nicht mehr so sehr das Hinausdrängen
der Palästinenser, denn die Auswanderungs-
möglichkeiten sind inzwischen sehr eingeschränkt. Eher dürfte es die Absicht der israelischen Behörden sein, die Bevölkerung in
Botmäßigkeit zu zwingen. »Man muss den Palästinensern bis in den letzten Winkel ihres Be-
wusstseins beibringen, dass sie ein geschlagenes Volk sind«, sagte der Generalstabschef
Mosche Yaalon in diesem Zusammenhang einmal.

**»Ein
geschlagenes
Volk«**

Im Gazastreifen behielt sich Israel nach wie vor
die Freiheit zu Militäraktionen vor, die in einigen Fällen zu regelrechten Massakern wurden.
Hamas und andere Gruppen schossen vom Gazastreifen aus Raketen auf israelische Ortschaften ab, die zwar wenig Schaden anrichteten,

**Erneute
Eskalation**

aber die Bevölkerung in Angst und Schrecken hielten. Von Juni bis November 2008 griff aber auch hier ein Waffenstillstand, der die Intensität der Angriffe bzw. Beschießungen stark reduzierte. Erst nach dessen Auslaufen intensivierte Hamas die Beschießungen wieder, und das war für Israel der Anlass zu seinem Militärschlag, der allerdings seit langem geplant und vorbereitet war.

Bilanz und Ausblick

»Die Araber tragen die Verantwortung«

Substanz und Dynamik des Konflikts

Die zionistische Bewegung hat seit ihren Anfängen im späten 19. Jahrhundert eine jüdische
Kolonie in Palästina gegründet, die sich nach und
nach vergrößerte und die sie 1948 in einen eigenen Staat transformierte. In diesem Prozess wurden die arabischen Palästinenser zuerst ausgegrenzt, dann in ihrer Mehrheit vertrieben. In
Israel ging nach 1948 die Aneignung arabischen
Bodens durch den Staat weiter. 1967 kam auch
der Rest Mandatspalästinas unter israelische Kontrolle. Auch hier fanden jetzt Bodenaneignung
und jüdische Besiedlung in großem Stil statt. Palästina wurde von einem arabischen immer stärker in ein jüdisches Land umgewandelt, in dem
Araber entweder (in Israel) eingeschränkte oder
(in den besetzten Gebieten) gar keine Rechte haben. Vom arabischen Palästina sind nur noch
kleine Teile übrig geblieben: die arabischen Sied-
lungsgebiete in Israel, der Gazastreifen (1,4 Prozent des Landes!) und ein Flickenteppich von
Städten und Dörfern in der Westbank.

Der Zionismus entstand vor dem Hintergrund der Not der Juden in Europa und entwickelte sich unter dem Eindruck ihrer immer schlimmer werdenden Lage – bis hin zum Holocaust. Das erklärt die Rücksichtslosigkeit des zionistischen Vorgehens in Palästina, kann sie aber nicht entschuldigen. Wie man auch immer sonst den Zionismus beurteilt – seine Realisierung in Palästina konnte nur auf Kosten der einheimischen Bevölkerung erfolgen.

Zionisten initiativ

Dabei ergriffen die zionistische Bewegung bzw. nach 1948 Israel immer die Initiative: Sie wollten die Veränderung, sie betrieben sie. Sie waren auch immer der weitaus Stärkere der beiden Kontrahenten. Die Palästinenser reagierten im Wesentlichen auf die Entwicklung – in der Regel mit Ablehnung und Widerstand. Was sie da taten, war manchmal unklug, untauglich oder sogar moralisch verwerflich. *Dass* sie Widerstand leisteten, kann man ihnen nicht vorwerfen. Ähnliches gilt für die Aktionen der arabischen Staaten. Die Substanz des Konflikts war die zionistische Besiedlung, die notwendig palästinensischen und arabischen Widerstand hervorrief. Die Behauptung der israelischen Propaganda, die arabische Verweigerung sei die Ursache für den Konflikt, stellt die Tatsachen auf den Kopf.

Regelungsmöglichkeiten

Nachdem Israel einmal etabliert war, gab es durchaus Möglichkeiten, die Intensität des Konflikts zu reduzieren. Zwischen 1948 und 1967 blieb es weitgehend ruhig. Bei allem Groll fanden sich viele Araber mit der Existenz Israels ab, und daraus hätte sich bei israelischem Entgegenkommen eine längerfristige Regelung machen lassen. Es kam anders. Israel legte bis heute seine Grenzen nicht fest. Es ließ sich nicht auf die Verhandlungsangebote zu Beginn der Fünfzigerjahre ein; es ließ nach 1967 die alte zionistische Politik der Expansion durch Besiedlung wieder aufleben; es ließ den in Oslo eingeleiteten Friedensprozess an seinem Unwillen scheitern, die Siedlungen aufzugeben; und es reagierte auch nicht auf das Friedensangebot der Arabischen Liga, die sogenannte Abdallah-Initiative, vom März 2002. Die im November 1988 erfolgte Anerkennung Israels durch die PLO, die ihr folgenden praktischen Schritte und die Bestätigung all dessen in der Abdallah-Initiative waren eine goldene Gelegenheit für Israel, sich in die Region zu integrieren. Es ergriff diese Chance nicht, sondern blieb bei seiner unilateralen Vorgehensweise, wohl um nicht in einer Regelung zu Konzessionen genötigt zu werden. Auch der Oslo-Prozess war kein wirklicher Bruch mit diesem Vorgehen: Die Besiedlung ging ungebremst weiter.

»Rückzug bedeutet Bürgerkrieg«

Perspektiven

Die in Palästina verbliebenen Palästinenser werden wohl in ihrer großen Mehrheit im Land bleiben. Das hat auch die israelische Führung erkannt. Sie versucht, diese Leute auf möglichst wenig Land zusammenzutreiben und sie durch Einschüchterung, Zersplitterung und Isolation unter Kontrolle zu halten. Wo das nicht gelingt, greift sie zu zerstörerischen Militärschlägen – zuletzt im Gazastreifen. Nun hat sie das schon mehrfach getan, und es ist stets misslungen. Es scheint, als zahle sich dieses Vorgehen von Mal zu Mal weniger aus. Israel wird letzten Endes nicht umhin können, gründlich umzusteuern und eine auf Ausgleich mit den Palästinensern beruhende Regelung anzustreben. Das wird nach so langer Zeit ganz gegenläufiger Dynamik des Konflikts nicht leicht sein; auch innerisraelisch schwer durchzusetzen. Manche sagen einen Bürgerkrieg mit den Siedlern und ihrem Milieu voraus, wenn es tatsächlich zum Rückzug aus allen besetzten Gebieten kommt. Aber die Alternative – Fortsetzung des bisherigen Kurses – wird weiter unaussprechliches Leid bedeuten, und zwar nicht nur für die Palästinenser, sondern auch für die Israelis. Auch in Israel ist das schon oft erkannt und ausgesprochen worden; die entsprechenden Kräfte haben aber den realen Gang der Dinge bisher nicht wesentlich ändern können.

Je rascher hier umgesteuert wird, umso besser. Freilich wird Israel dazu aus eigener Kraft kaum in der Lage sein. Es hat sich sein bisheriges Vorgehen gegen die Palästinenser, das insgesamt völkerrechtswidrig ist, nur leisten können, weil es über die fast bedingungslose finanzielle, militärische und politische Unterstützung der westlichen Welt unter Führung der USA verfügt. Das hat verschiedene Gründe: die Vorstellung, Israel sei als westlicher Staat »einer von uns«, seine Rolle als zuverlässiger Bündnispartner in einer schwierigen, aber gleichwohl wichtigen Weltregion, das Wirken der proisraelischen Lobby vor allem in den USA und nicht zuletzt der Horror des Holocaust. Israel behauptet ja, im Interesse aller Juden der Welt zu agieren, und das immunisiert es bei denen, die ihm das abnehmen, gegen jede Kritik. Dieser Mechanismus greift besonders in Deutschland. Das ist zunächst nachvollziehbar – wer wollte den Juden nach allem, was passiert ist, eine sichere Heimstatt verweigern? Die Folgen sind freilich katastrophal. Wer aus dem Holocaust den Schluss zieht, man müsse zu neuen Verbrechen schweigen, wenn sie von Juden begangen werden, trägt zur Immunität Israels und damit zu seiner Skrupellosigkeit bei, welche den Konflikt mit all seinen Schrecken nur verlängern kann. Das ist weder im wohlverstandenen Interesse der israelischen noch in dem der nichtisraelischen Juden. Genaueres Hinsehen und weit verbreitete, wohlbegründete Kritik am israelischen Vorgehen werden die absolute Immunität Israels beenden, und das kann nach Lage der Dinge nur gut sein.

Was soll man hier fordern, was lässt sich erwarten? Ist eine Zwei-Staaten-Regelung auf der Grundlage eines israelischen Rückzugs aus allen 1967 besetzten Gebieten noch sinnvoll, oder soll man stattdessen auf eine Ein-Staaten-Regelung hinwirken, bei der die besetzten Gebiete an Israel angegliedert und ihre Bewohner in Israel um Bürgerrechte und Gleichberechtigung kämpfen? Angesichts der bereits geschaffenen Fakten und des gegebenen Kräfteungleichgewichts ist es sicherlich sehr schwer, eine für die Palästinenser akzeptable Zwei-Staaten-Regelung durchzusetzen. Noch weniger wird sich Israel auf eine Ein-Staaten-Regelung mit Rechten für die Palästinenser *in* Israel einlassen. Das hindert freilich niemanden daran, von Israel die Beachtung des Völkerrechts einzufordern, das es bis heute so sträflich verletzt. Ein israelischer Rückzug aus den 1967 besetzten Gebieten bleibt eine sinnvolle und legitime Forderung, die übrigens keineswegs dem Bestreben vieler Palästinenser in Israel widerspricht, diesen Staat aus einem exklusiv jüdischen in einen Staat aller seiner Bürger mit gleichen Rechten für alle umzuwandeln. Welche Schritte aber auch immer getan werden: Jede Regelung muss den Grundsatz der Gleichheit der Partner beachten und ein Mindestmaß von Gerechtigkeit für die Palästinenser garantieren, sonst wird sie nicht tragfähig sein.

Anhang

Chronologie

1882	Beginn der zionistisch motivierten jüdischen Einwanderung in Palästina
1896	Erscheinen von Theodor Herzls »Judenstaat«
1897	1. Zionistischer Kongress (Basel); Gründung der Zionistischen Organisation
1917	2.11. Balfour-Deklaration
1918	Niederlage des Osmanischen Reichs im Krieg; britische Besetzung Palästinas
1920	De facto Beginn des britischen Mandats über Palästina (offiziell 1923)
1929	August. Unruhen um die Klagemauer
1933 ff.	Verstärkte jüdische Einwanderung in Palästina
1936–39	Arabischer Generalstreik, dann große Rebellion. Wird niedergeschlagen
1937	Juli. Peel-Bericht mit dem ersten Teilungsvorschlag für Palästina
1939	Britische Regierungserklärung (»Weißbuch«) zu Palästina
1942	Biltmore-Programm der Zionisten (jüdischer Staat in ganz Palästina)
1947	29.11. UN-Teilungsbeschluss zu Palästina; Ausbruch von Kämpfen im Land
1948	14.5. Ausrufung des Staats Israel; erster arabisch-israelischer Krieg (bis 1949)
1956	Ende Oktober. Britisch-französisch-israelischer Krieg gegen Ägypten
1958 (ca.)	Gründung der autonom-palästinensischen Organisation Fath
1964	Ende Mai. Gründung der PLO in Jerusalem
1967	Junikrieg. Besetzung Restpalästinas, der Sinai-Halbinsel und der Golanhöhen

1973	Oktoberkrieg. Teilerfolg der arabischen Armeen
1974	Juni. Der 12. Palästinensische Nationalrat beschließt das »Etappenprogramm«
1977	Mai. Parlamentswahl in Israel; Wahlsieg des rechten Likud
1978	März bis Juni. Erste größere Intervention Israels im Südlibanon
1978	September. Verträge von Camp David zur Regelung des Konflikts
1979	März. Israelisch-ägyptischer Friedensvertrag
1980	März bis Mai. Unruhen in der Westbank
1982	Juni bis September. Großangelegte israelische Invasion im Libanon
1985	August. Ankündigung einer Politik der »eisernen Faust« in den besetzten Gebieten
1987	Dezember. Ausbruch der ersten Intifada
1988	November. Akzeptierung der Zwei-Staaten-Regelung durch den Palästinensischen Nationalrat
1991	Ende Oktober. Nahost-Friedenskonferenz in Madrid
1992	Juni. Wahlen in Israel. Sieg der Arbeitspartei
1993	September. Unterzeichnung der israelisch-palästinensischen Prinzipienerklärung
1994	Mai. Unterzeichnung des Gaza-Jericho-Abkommens
1995	September. Unterzeichnung des umfassenden Interimsabkommens (»Oslo II«)
1995	5.11. Ermordung Yitzhak Rabins in Tel Aviv
1996	Palästinensische Wahlen
1997	Januar. Hebron-Abkommen
1998	Oktober. Wye River Memorandum
2000	Juli. Endstatusverhandlungen in Camp David; Scheitern
2000	September. Besuch Scharons auf dem Tempelberg; al-Aqsa-Intifada
2001	Januar. Scheitern der israelisch-palästinensischen Verhandlungen in Taba
2001	März. Bildung der neuen israelischen Regierung von Ariel Scharon

2001	April. Mitchell-Bericht über israelisch-palästinensische Gewalt
2002	März. Beschluss der arabischen Friedensinitiative (»Abdallah-Plan«)
2002	April. Israelische Invasion in den palästinensischen Autonomie-Gebieten
2003	Juni. Gipfel von Aqaba; »Roadmap« des Nahost-Quartetts
2003	Dezember. Scharons Plan für einen einseitigen Rückzug
2004	11.11. Tod von Yasir Arafat in Paris
2005	Januar. Mahmud Abbas wird zum Nachfolger Arafats gewählt
2005	August. Israelischer Abzug aus dem Gazastreifen
2006	Palästinensische Parlamentswahlen; Sieg von Hamas; internationaler Boykott
2006	Juli/August. Israelische Angriffe auf Gaza; Krieg im Libanon
2007	Februar. Einigung auf eine palästinensische Einheits-regierung in Mekka
2007	Juni. Hamas übernimmt die ausschließliche Macht im Gazastreifen
2008	Juni. Waffenstillstand zwischen Israel und der Hamas
2008/09	Dezember/Januar. Israelische Militäraktion im Gaza-streifen

Abbildungsnachweis

Literatur

Helga Baumgarten, Palästina: Befreiung in den Staat. Die palästinensische Nationalbewegung seit 1948, Frankfurt/M.: Suhrkamp 1991

Helga Baumgarten, Hamas. Der politische Islam in Palästina, München: Diederichs 2006

Bericht über Palästina. Erstattet durch die Britische Königliche Palästina-Kommission unter dem Vorsitz von Earl Peel, Berlin: Schocken 1937

Jörn Böhme (Hrsg.), Friedenschancen nach Camp David. Legenden – Realität – Zukunftsperspektiven für Israel und Palästina, Schwalbach/Ts.: Wochenschau Verlag 2005

John Bunzl, Israel im Nahen Osten. Eine Einführung, Wien u. a.: Böhlau 2008

Dan Diner, Israel in Palästina. Über Tausch und Gewalt im Vorderen Orient, Königstein/Ts.: Athenäum 1980

Alexander Flores, Intifada. Aufstand der Palästinenser, Berlin: Rotbuch 1988

David Grossman, Der geteilte Israeli. Über den Zwang, den Nachbarn nicht zu verstehen, München: Hanser 1992

Amira Hass, Gaza. Tage und Nächte in einem besetzten Land, München: dtv 2004

Theodor Herzl, Wenn ihr wollt, ist es kein Märchen. Altneuland/Der Judenstaat. Herausgegeben und eingeleitet von Julius Schoeps, Kronberg/Ts.: Jüdischer Verlag 1978

Saleh Abdel Jawad, Die Schaffung des palästinensischen Flüchtlingsproblems, in: INAMO Heft 54, Sommer 2008, 10–19

Rashid Khalidi, Palestinian Identity. The Construction of Modern National Consciousness, New York: Columbia University Press 1997

Rashid Khalidi, The Iron Cage. The Story of the Palestinian Struggle for Statehood, Boston: Beacon Press 2006

Gudrun Krämer, Geschichte Palästinas. Von der osmanischen Eroberung bis zur Gründung des Staates Israel, München: Beck 2002

Walter Laqueur, Der Weg zum Staat Israel. Geschichte des Zionismus, Wien: Europaverlag 1975

Kenneth Lewan, Die zweite Intifada. Zwiespalt in der Frankfurter Allgemeinen Zeitung, Frankfurt/M.: Fischer & Fischer 2002

Moshé Machover, Israelis and Palestinians: Conflict and Resolution. Barry Amiel and Norman Melburn Trust Annual Lecture, 30 November 2006, School of Oriental and African Studies, London University

Saree Makdisi, Palestine Inside Out. An Everyday Occupation, New York/London: W. W. Norton 2008

Helmut Mejcher (Hrsg.), Die Palästina-Frage 1917–1948. Historische Ursprünge und internationale Dimensionen eines Nationenkonflikts, Paderborn u. a.: Schöningh ²1993

Helmut Mejcher, Sinai, 5. Juni 1967. Krisenherd Naher und Mittlerer Osten, München: dtv 1998

J. Metzger/M. Orth/C. Sterzing, Das ist unser Land. Westbank und Gaza-Streifen unter israelischer Besatzung, Bornheim-Merten: Lamuv 1980

Benny Morris, The birth of the Palestinian refugee problem, 1947–1949, Cambridge: Cambridge University Press 1987

Ilan Pappe, Die ethnische Säuberung Palästinas, Frankfurt/M.: Zweitausendeins 2007

Dietrich Neuhaus/Christian Sterzing (Hrsg.), Die PLO und der Staat Palästina. Analysen und Dokumente zur Entwicklung der PLO, Frankfurt/M.: Haag + Herchen 1991

Maxime Rodinson, Israël et le refus arabe. 75 ans d'histoire, Paris: Seuil 1968

Rafik Schami (Hrsg.), Angst im eigenen Land. Israelische und palästinensische Schriftsteller im Gespräch, Zürich: Nagel & Kimche 2001

Alexander Schölch, Palästina im Umbruch 1856–1882. Untersuchungen zur wirtschaftlichen und sozio-politischen Entwicklung, Stuttgart: Franz Steiner 1986

Tom Segev, Es war einmal ein Palästina. Juden und Araber vor der Staatsgründung Israels, München: Siedler 2005

Raja Shehadeh, Aufzeichnungen aus einem Ghetto. Leben unter israelischer Besatzung, Berlin/Bonn: Dietz 1983

Avi Shlaim, The Iron Wall. Israel and the Arab World, New York/London: W. W. Norton 2000

Idith Zertal/Akiva Eldar, Die Herren des Landes. Israel und die Siedlerbewegung seit 1967, München: DVA 2007

Autonomie Gebiete der Palästinenser nach den Oslo-Abkommen 1993 und 1995

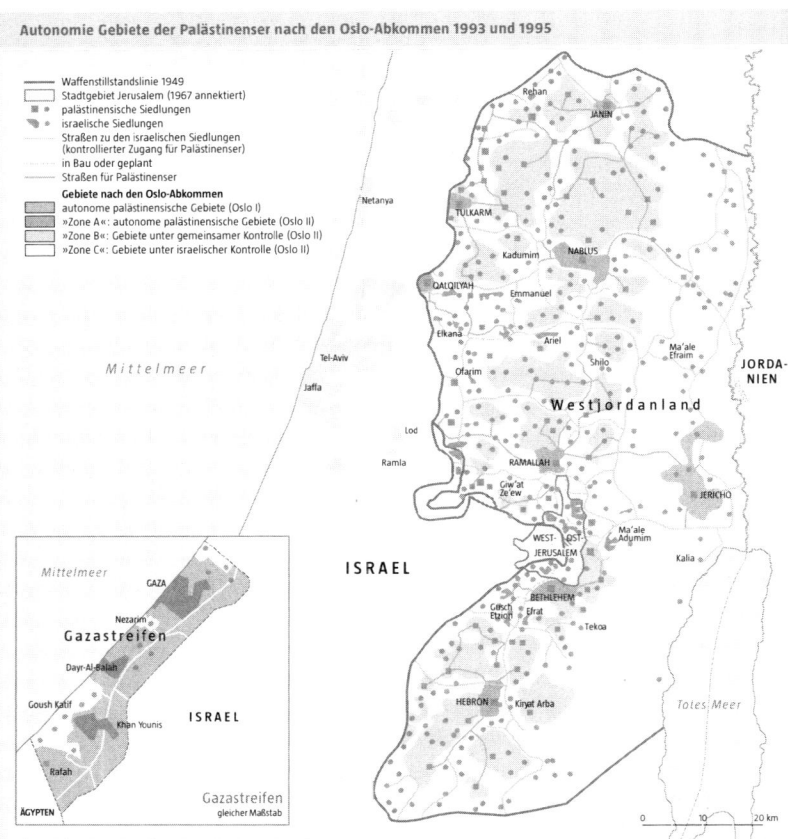

Waffenstillstandslinie 1949
Stadtgebiet Jerusalem (1967 annektiert)
■ ● palästinensische Siedlungen
◣ ● israelische Siedlungen
Straßen zu den israelischen Siedlungen (kontrollierter Zugang für Palästinenser)
in Bau oder geplant
Straßen für Palästinenser

Gebiete nach den Oslo-Abkommen
autonome palästinensische Gebiete (Oslo I)
»Zone A«: autonome palästinensische Gebiete (Oslo II)
»Zone B«: Gebiete unter gemeinsamer Kontrolle (Oslo II)
»Zone C«: Gebiete unter israelischer Kontrolle (Oslo II)

Mittelmeer

Netanya

Tel-Aviv
Jaffa

Lod

Ramla

ISRAEL

Rehan
JANIN

TULKARM
Kadumim   NABLUS

QALQILYAH   Emmanuel

Elkana   Ariel
Ofarim   Shilo   Ma'ale Efraim

Westjordanland

RAMALLAH
Giw'at Ze'ew

WEST-QST-   Ma'ale Adumim
JERUSALEM

BETHLEHEM
Gush Etzion   Efrat   Tekoa

HEBRON   Kiryat Arba

JORDA-NIEN

JERICHO

Kalia

Totes Meer

0   10   20 km

Mittelmeer
GAZA

Nezarim
Gazastreifen

Dayr-Al-Balah

Goush Katif

Khan Younis   ISRAEL

Rafah

ÄGYPTEN

Gazastreifen
gleicher Maßstab